杨鹏解读《大学》

杨鹏 著

上海社会科学院出版社

前 言

《大学》中四个秩序的统一

《大学》原是《礼记》第四十二篇。唐代韩愈、李翱发现《大学》的重要性。北宋时司马光、程颢、程颐推崇《大学》。司马光编撰《大学广义》,这是《大学》独立成书的开始。南宋思想家朱熹撰《大学章句》,将《大学》与《中庸》《论语》《孟子》合编为《四书章句集注》,《大学》从此进入朱熹儒学新经典序列。

《大学》的作者是谁,尚无定论。司马迁《史记·孔子世家》记载:"《礼记》自孔氏。"即《礼记》来自孔门。班固《汉书》记载,公元前一百多年,西汉鲁恭王刘余在拆除孔子故宅的一段墙壁时,发现了《礼记》《古文尚书》《论语》《孝经》等典籍。班固认为，这些典籍由孔子门生所撰，"七十子之徒所论"。朱熹在《大学章句集注》中，将《大学》文字分为"经"与"传"两部分，认为"经"的部分是"孔子之言，而曾子述之"，"传"的部分是"曾子之意而门人记之"。可惜朱熹没有为自己的观点提供出处证据。我们现在读到的《礼记》，是西汉礼学家戴圣在公元80年前后重新编注的版本。

1315年，元仁宗恢复科举，开科取士，指定朱熹《四书章句集注》为唯一的考试教材，明清两朝延续这一传统。直到1905年废除科举考试，在近600年的时间中，《大学》作为官方科举考试规定教材之一，深刻塑造了中国读书人的精神。

《大学》是两千多年前的儒家经典，它有现代价值吗？如果有，是什么？《大学》有未来的价值吗？如果有，又是什么？从这个角度去思考《大学》，我发现了贯穿《大学》始终的一个思维方法，我把这个思维方法概括为"四个秩序的统一"。这种"四个秩序的统一"的思维方法，具有超越时空的重要价值。

第一个秩序是"天理秩序"。《大学》中虽然没有用到"天理"这个概念，但讲的是天理的内容。《大学》用"道""大道""上帝""天命"等终极的、最高的概念，来指称支配万物及人事的神圣力量和秩序，它的思想内涵就是宋明理学特别强调的"天理"的内涵。

"天理"即上天之理，上天的神圣法则，这是中国先秦思想史的重要概念，与天道概念的内涵大体相同。"天理"概念起于道家《庄子》之中，《韩非子》中引用，以后西汉《礼记》及董仲舒《春秋繁露》更充分运用。北宋程颢、程颐和南宋朱熹等思想家进一步把"天理"提升和强化为儒家理学最高概念，逐渐用以取代传统"天道"概念的位置。朱熹在《中庸章句》中说：

"道者,天理之当然。"道乃天理的自然表现。

《大学》认为,上天神圣的法则赋予天地万物以秩序,这种秩序是神圣的、至善的秩序,有益于万物维系和生命生长。认识上天的神圣法则,洞悉天地万物的自然秩序,以顺应善的秩序为目标,去建立人生的秩序,将人生自我管理和国家社会管理置于善之秩序的基础之上,实现顺乎天理的人生,顺乎天理的社会。

第二个秩序是"格物秩序"。《大学》中强调"致知在格物",认知来源于"格物"。朱熹把"格物"解释为认识万物之理,即认识万物的自然法则。万物有一定的自然法则,理解和顺应这种自然法则,是德性标准得以建立的准则。天理在自然法中,天理的神圣秩序表现在客观的自然秩序之中,这是人建立明德秩序的依据。

第三个秩序是"明德秩序"。《大学》强调要"明明德",人要认识和彰明自己内在的光明之德。这个光明之德并非人主观意愿的产物,而是人顺应万物自然秩序的产物。明德秩序来自万物自然秩序，万物自然秩序来自天理秩序，天理秩序是自然秩序之源，也是人的明德秩序之源。或者说，天理秩序在自然界之中，也在人性之中，是自然界和人性深层秩序的根源。

西汉董仲舒在《春秋繁露》中明确说明了"天理"与"德性"的源流关系："人之德行，化天理而义。"人的德性，就是要化天理法则为正义之行。天理闪耀在人性之中，"明德"即内在于人的"天理"。

哈佛大学著名的中国哲学教授普鸣（Michael Puett），开设了一门名为"中国古代伦理与政治理论"的课程，是哈佛大学学生人数最多的三门大课之一。我曾问过他一个问题："对比西方文化传统，中国传统文化中你最重视的特征是什么？"他回答："修身。"我再问："你如何理解修身？"他说："人是一个有待完美的对象。人不完美，但可以通过修身不断完善自己，从而提升自己的命运。"

不同文明的眼光，容易迅速识别出对方文明的特征。普鸣教授所关注的"修身"这个特征，在《大学》中有最为充分的表现。"修身"的目的，就是建立内在的"明德秩序"。

以上三个秩序，天理、格物、明德，可以简化为，德性在自然法中，自然法在天理中。

第四个秩序是"人事秩序"。人事秩序，指人与人的关系，包括家庭关系、社会关系和政治关系。《大学》认为，人与人的外在秩序，由人内在的明德秩序所决定。有什么样德性的人，就会形成什么样的人事秩序。人事秩序是人的明德秩序在社会关系上的表现。

人事秩序与明德秩序相统一，明德秩序与格物秩序相统一，天理秩序则是所有秩序的源头，也是所有秩序的统一点。这四个秩序的位序不同。人事秩序从属于明德秩序，明德秩序从属于格物秩序，格物秩序从属于天理秩序。同一个天理，运行在万物中，运行在人性中，运行在人事关系中。

这四组关系可简化为：人事在德性中，德性在自然法中，自然法在天理中。

《大学》的论述以明德秩序和人事秩序为主，但强调明德秩序和人事秩序必须与格物秩序统一，一切秩序都必须与天理秩序统一。《大学》认为四个秩序的内在统一，是人生成功的条件，是国家成功的前提，是天下繁荣太平的基础。

《大学》是一部实现生命天人合一的教程。《大学》教导人们通过认识天理，化天理为德性，与天理合一，成为天理在人间的人格化存在。

《大学》是一部人与自然合一的教程。《大学》看到了人的德性方面的格物秩序基础，将人的德性坚守置于自然法则之上。

《大学》是一部个人修身的教程。《大学》看到了德性与成功之间的内在统一性，提出了打磨自己天理之性的具体办法，展示了修炼自己光明之德的具体路径。

《大学》是一部社会治理学的教程。《大学》认为，社会由人组成，有美好的人才会有美好的社会。美好的社会关系，建立在社会各阶层成员共有的美好德性上。《大学》要求"自天子以至于庶人，壹是皆以修身为本"，修身不分阶层，人人皆有修身之义务，人人不断自我完善，这是构建美好社会的前提。

本书用的是《大学》在《礼记》中的版本，没有采用南宋朱熹《四书章句集注》中的《大学》版本。这是因为朱熹对《礼记·大学》版本的顺序重新进行了编排，还增添了134个字，这种在古代文本上增补自己文字的做法我认为不妥当。

从分章看，《大学》原本不分章，朱熹分为十一章。之后不同的学者还有一些不同的分章法。我这里用的是《礼记·大学》版本，共分为十二课，前面十一课是对

《大学》内容的逐章讲解，最后一课是总结课。

朱熹在《大学章句》中说："大学者，大人之学也。""大人"指贵族。"大人之学也"即大人的学问，用今天的话来说，就是贵族领导力学。朱熹在《大学章句序》中还说，8岁入小学，15岁入大学。《大学》是大学生学习的内容，是治理国家的学问。按照我前面对《大学》思想的总结，所谓大人之学，内容就是"四个秩序统一的思想结构"。

让我们一起逐章逐句学习，从字里行间把"四个秩序统一"的思维细致梳理出来。通过十二讲的研学，唤醒"四个秩序统一"的思维习惯，掌握《大学》"大人之学"的思考。

研学《大学》还有一个益处。《大学》文字简洁优美，许多段落值得背诵，这对提升我们的中文表达能力十分有益。

《尚书》上说："皇天无亲，惟德是辅。"上天并不按血亲偏爱谁，只辅助有德之人。修德以配天，敬天以爱人，这是周人战胜商朝的经验总结，也是周王朝的立国原则，背后有深层的天人关系的洞见。

《大学》引《诗经》诗句如下："有斐君子，如切如磋，如琢如磨。"人性中的天理，如同珍贵的骨器、象牙、玉石、宝石等原材料，经过人用心打磨，才能释放出璀璨的光泽，成就光明的生命，成就光明的业绩，成就光明美好的社会。

《大学》的学习，就是我们共同"如切如磋，如琢如磨"的过程，我们共同打磨自己光明之本性，共同打磨出我们内在天理之光，明德之光，生命之光。

目录

i ｜ 前言 《大学》中四个秩序的统一

第一讲　总纲
001 ｜ 明德，亲民，至善

第二讲　诚意
025 ｜ 诚其意，毋自欺

第三讲　修身
039 ｜ 如切如磋，如琢如磨

第四讲　日新
055 ｜ 苟日新，日日新，又日新

第五讲　知止
071 ｜ 邦畿千里，惟民所止

第六讲　正心
087 ｜ 所谓修身在正其心者

1

第七讲　齐家
101 | 所谓治国必先齐其家者

第八讲　治国
119 | 所谓平天下在治其国者

第九讲　得众
135 | 道得众则得国，失众则失国

第十讲　举贤
151 | 唯仁人为能爱人，能恶人

第十一讲　不聚敛
167 | 与其有聚敛之臣，宁有盗臣

第十二讲　总结
181 | 大学之道是什么？

202 | 附录　《礼记·大学》原文

第一讲

总纲

明德，亲民，至善

第一讲，我以《礼记·大学》版本为基础，解读《大学》前三节。《大学》的文字很优美，除了提升我们的思想，还能提升文字能力。

原文

大学之道，在明明德，在亲民，在止于至善。知止而后有定，定而后能静，静而后能安，安而后能虑，虑而后能得。物有本末，事有终始，知所先后，则近道矣。

译文

大学的道理，在彰明人的光明德性，在于亲爱民众，在于抵达至善的目标。知道应抵达至善，而后目标得以确定。目标得以确定，而后内心能够安静。内心静了，人就安定了。人能够安定，就能够深思熟虑。能够深思熟虑，就能有所获得。事物有本有末，事情有始有终，知道先后顺序，则接近大学之道了。

"大学之道，在明明德，在亲民，在止于至善。"开篇这句话，是《大学》的总纲领。其他的篇章，都是对这几句话进一步的说明。我们对这句话要细细分析，再进入其他内容的学习。

"大学之道"，指大学要教育的道理。"明明德"中的第一个"明"，指"使光明、使彰明"。第二个"明"，指光明。"明德",即光明之德。

《尚书》《周易》《左传》《逸周书》等古代文献中,常常用到"明德"这个概念。《尚书》中9次提到"明德"。"明德",是周朝文化的一个重要概念。明德以配天,以光明之德,去匹配上天的要求,这是上天选择,得到天命,拥有天下的前提。

《尚书·周书·君陈》说:"黍稷非馨,明德惟馨。"周朝的时候,人们会用新收的粮食黍(黄米)和稷(小米)去献祭上天,也就是用新粮的馨香去事奉上天。这句话的意思是:对上天来说,真正的馨香,不是献祭给上天的黍和稷等粮食的香味(黍稷非馨),唯有人的明德的馨香才是上天喜欢的馨香。上天看重的不是祭祀用的粮食,而是人的"明德"。

2002年发现的西周青铜器遂公盨(西周中期遂国国君"遂公"所铸的青铜礼器,上面有一段铭文,内容涉及大禹治水:天命禹敷土,随山浚川……民好明德……）上，有"民好明德"的铭文。明德是人民所爱好的；拥有明德，是民众拥戴的前提。周朝的国家哲学认为，周人之所以得天下，是因为周人有德。要巩固天下，就得修身明德，以德治国。

现代汉语用到"德"，更多指一种人际关系，而《大学》时代"德"的概念，首先是一种力量，一种源自上天的力量，如《论语》中孔子所说："天生德于予，桓魋其如予何？"其次才是人际关系上的善良。

"亲民"指以民众为亲人，亲爱人民。北宋程颢和程颐解释为"新民"，使民众更新，成为新人。这一解读得到了朱熹的肯定。朱熹在《大学章句集注》中说："新者革其旧之谓也。"这个解释影响深远。但这种解释是受禅宗思想影响的结果，并不符合原义。王阳明在《传习录》中也批评朱熹把"亲民"解释为"新民"的曲解。《大学》是科举考试教材，将"亲民"解释为"新民"，士大夫们就会以"新民"为己任，要在思想上改造更新民众，为朝廷思想干预提供理论依据，但是，这并非《大学》中"亲民"的原义。

"亲"，原义指亲人，爱亲人。引申为如爱亲人一样爱人。"亲民"，指以人民为亲人，以爱亲人之心去爱人，将民众视为一家人相亲相爱。周王朝是宗法制王朝，血亲家族组织是社会组织凝聚的基础。从血亲情感出发，亲爱亲族，热爱民众，这就是"亲民"的意思。

"善"的宇宙观

"在止于至善"，"止"就是抵达、停留、坚守的意思；"至善"，即至高之善。"至善"是什么？至高之善指什么？说到"善"，大家就想到善良。善良，是指人好，不伤害人。"止于至善"，可以理解为建立一个由善良的人组成的善良的社会。人与人相亲相爱，互不伤害。这个意思是对的，但要更深地理解，得从善的本义出发。

"善"字的金文上边一个"羊"字形，下边两个"言"字。《说文解字》解释为"吉也"，即吉祥。吉祥这样的概念，往往与宗教信仰有关。

"善"字造字原义，有各种猜测。我倾向于与献祭有关。我们可以理解为以羊献祭，向神明祈祷，求神明福佑。人的祈祷，通过向神明献祭羊而得以实现。祈祷的实现，心愿得以成全，也许就是善字的本义。

还有一种解释，"羊"字下两个"言"，一是指人的祈祷由下往上，向上天祈祷；一是指上天之言由上而下，天命降临，回应人的祈祷。敬畏上天，祭祀上天，祈祷上天；上天降下天命，降下神佑，生命渴求得以实现——这是最大之善。

如果"善"字与献祭羊和祈祷有关，祈祷内容会是什么？我们查甲骨文和金文中与献祭有关的祈祷内容，总离不开祈求神明的护佑，离不开人的安全与健康，生育后代，风调雨顺，军事成功，免除疾病和灾难，也包括祈求神明对死后之灵的护佑等。祈祷的本质，就是生命的安全与繁荣，国家社会的稳定。

人最自然的祈求，源自人生命的渴求，对安全与繁荣的渴求。这种生命祈求不仅包括肉体的生命，也包括灵魂的生命。"善"的造字本义是什么，我们只能猜测，但从"善"字演化到今天的意思，我们知道这是对生命友善的意义，爱护万物，爱护生命，不毁坏万物，不伤害生命。有益于生命就是吉祥。善的本质就是有益万物，成全生命。这是上天的指向，也应当是人生的追求。

"大学之道，在明明德，在亲民，在止于至善"这句话，南宋朱熹称之为《大学》的"三纲领"，即"明德""亲民"和"至善"。但从这句话来看，"止于至善"才是《大学》的目标，"明德""亲民"都只是抵达至善这一目标的两个手段和环节。"明德""亲民"与"至善"不是并列关系，而是主从关系，"明德""亲民"从属于"至善"这个根本方向。"至善"才是《大学》的根本纲领。

善的本质就是创生万物并使万物存续,使生命得以安全繁育。放大到宇宙中,就是宇宙的安全秩序与万物的发育,就是万物不毁灭,宇宙不混乱。宇宙是有秩序的,宇宙的秩序是生生不息的,宇宙是安全的,生命是繁育的,宇宙是一个善的宇宙,一个由善的本源力量与本源秩序支配的宇宙,就是至善。

上天创生和成全万物,所以宇宙秩序为善,为至善。至善之人,成为上天至善力量的一部分,成为上天至善秩序的坚守者。这种善的力量和秩序,就在人心深处,《大学》称之为"明德",光明之德。明德,首先是一种力量;其次,是一种规则。明德之人,有力量,讲原则。

洞察到宇宙秩序的善的本质,并非只有孔子和孔子的弟子们。老子《道德经》就认为宇宙本质为善,说"故天之道,利而不害"(八十一章),上天之道,利益万物，不伤害万物。

三种宇宙观

发现宇宙至善的本质，也是古希腊哲学家的特征。晚于孔子约 80 年的古希腊哲学家苏格拉底认为，宇宙的本源是善的本源，宇宙的运动指向善的方向。物质世界背后的数学秩序，是一个善的和谐秩序。人有理性，可以认识到这种善的本质秩序，并以这种善为生命的导向，这就是德性。

老子、孔子、苏格拉底都发现了宇宙的深层之善，善的目标、善的动力、善的秩序。宇宙万物的背后，有一个本源的善的支配性力量和支配性秩序。这似乎很抽象，其实当我们进入大自然中，就会体会到自然秩序的善。在阳光和水的环境中，万物相互依存、相互效力，只要不被外力破坏，生态自然趋向繁盛。认识到宇宙至善本质的人，内心容易安定，心态容易乐观，性情容易温馨。

但是，在人类思想史上，并非普遍都认同这种宇宙本善的宇宙观。与老子、孔子同代的释迦牟尼，就不认为宇宙秩序是善的。佛学认为一切因缘而生，因缘而灭。这个世界就是一座燃烧的火宅，一切正在烧光。凡有所相，皆是虚妄，终将毁灭。

佛教经典《俱舍论》认为，世界经历"成住坏空"四个阶段。"成"指生成时期，"住"指存在时期，"坏"指毁坏时期，"空"指空无时期。现在正在进入"坏"的阶段，也即毁坏的阶段。这完全是一个不可靠的宇宙观，是必将毁灭的宇宙，这并非一个善的宇宙。

如果你相信世界是"成住坏空"，且现在进入了"坏"的阶段，你的生活态度就会完全改变。你改变不了宇宙"坏"的趋势，现实的一切毫无意义，是不是？如果你相信"成住坏空"的理论，你根本没有必要学

《大学》，没有必要再读《道德经》和《论语》，也没有必要读《圣经》，也没有必要在现实中去努力成就事业了，是不是？

还有一种宇宙观，由老子、孔子之前的波斯人琐罗亚斯德所创。这种宇宙观认为，善与恶两大根本力量的斗争支配了宇宙的变化，但善的力量、光明的力量终将战胜恶的力量、黑暗的力量。

这种善恶二元斗争的宇宙观，基督教中也有。相信宇宙中光明与黑暗的二元斗争，你就必须去战斗，参与到宏大的属灵战争中去，以赢取胜利，这是一种战斗进取的人生观。

我介绍了这三种宇宙观，一是善的宇宙观，这是老子、孔子、苏格拉底、柏拉图所持的宇宙观，也是我们今天讲的《大学》所持的宇宙观。二是佛教"缘起论"的不可靠的、要毁灭的宇宙观，这是与《大学》宇宙观对立的。三是琐罗亚斯德教的善恶二元斗争的宇宙观，这是与《大学》宇宙观相补充的。不同宇宙观会塑造不同的人生观，会影响不同民族、不同国家的命运。

讲完"大学之道，在明明德，在亲民，在止于至善"，抓住了根本，下面文字的解释就容易了。

"知止而后有定，定而后能静，静而后能安，安而后能虑，虑而后能得。""知止而后有定"，知道应抵达至善，而后目标得以确定。知道要抵达什么目标，内心就安定了。从刚才我们讲过的内容看，"知止"就是知道要"止于至善"，要抵达至善之道，要以保护万物成全万物、保护万民成全万民为目标，坚守这样的理想和原则，人生的方向就确定了。

"定而后能静"，目标得以确定，而后内心能够安静。方向确定，心就能宁静下来。知道治理天下，不过是成全万民，成就万民，这样的目标确定了，心也就静了。方向定了，心就不乱，就沉静了。

"静而后能安"，内心静了，人就安定了。"安而后能虑",人心安定了,就能够深思熟虑。知道治国就是成全生命,就去想办法,就可思虑了。"虑而后能得",深思熟虑了,就能有所收获。

"物有本末,事有终始,知所先后,则近道矣",事物有本有末,事情有始有终,知道先后顺序,则接近大学之道了。

"大学之道,在明明德,在亲民,在止于至善。""至善"就是本源,就是终极目标。"至善"要求"明德"以"亲民"。一切都源于"至善"这个本源。朱熹解释为"明德为本",把"明德"当成本,不妥。明德是为了抵达至善。止于至善,才是本。

原文

古之欲明明德于天下者,先治其国;欲治其国者,先齐其家;欲齐其家者,先修其身;欲修其身者,先正其心；欲正其心者，先诚其意；欲诚其意者，先致其知；致知在格物。

译文

古代想在天下彰显光明之德的，要先治理好自己的国家。希望治理好国家的，先整治好家族。希望整治好家族的，先修正自身的行为。希望修正自身行为的，先使内心公正。希望使自己内心公正的，要先使自己心意真诚。希望自己心意真诚的，先求取知识。求取知识，在于探求物理。

"古之欲明明德于天下者，先治其国"，古代想在天下彰显光明之德的，要先治理好他的国家。很显然，《大学》教育针对的是贵族阶层，有国家可治理的贵族阶层。

"欲治其国者，先齐其家"，要想治理好国，要先整治好家族。这个家，不是今天一对夫妻带一两个孩子的小家庭，而是指少则几十人、多则几百人的大家族。周朝是封建制度，国家属于贵族家族，家国不分，治家就等于治国。贵族子弟天生就是要治理家族和治理国家的。

"欲齐其家者，先修其身"，要想整治好家族，就得修好身。怎么修身呢？"欲修其身者，先正其心"，这种修身，不是佛教那种静坐练功，看空一切以求悟佛性，而是使自己具有一颗公正之心。公正之心，是领导力的必要条件。"欲正其心者，先诚其意"，要想使自己心正，有一颗公正之心，要先使自己的意念真诚。要公正，就得先真诚。不真诚，内心就偏了，就公正不了。"欲诚其意者，先致其知"，希望自己心意真诚的，先求取知识。"致知在格物"，求取知识，在于探求物理。

关于"格物"，有各种解释。朱熹解释为"物理之极处无不到也",指掌握了全部万物运行之理。这解释不妥。物理,万物之理,岂是能全部掌握的?难道是全能物理学家?王阳明解释为:"格,正也。"格就是正的意思,把不正的东西归正过来。这解释也不妥。宇宙的秩序,难道是要人去归正?

朱熹和王阳明都脱离《大学》本身来解释"格物"了。

请注意本句在《大学》中的前后关联。本句是从"明明德"开始,以"格物"收尾,其余皆为中间环节,也就是说,要"明明德",就得"格物","格物"是明明德的起步。

《大学》开篇就说"大学之道,在明明德,在亲民,在止于至善","明明德"的目标是"止于至善"。所以"格物"的目的,就是认识到万物秩序的"至善"本质。"至善"是宇宙万物的客观秩序,是宇宙万物运行的客观目标。

"格物"的"格",是一个多义词。在认识万物至善秩序的这个方向上,我们可以把"格"的意思框定在两个方面。

第一个方面,"格"就是"格式""法式""规则""准则","格物"指认识事物的格式、法则、秩序。现代汉语还说"合格不合格",保留了格式、准则的意思。事物的格式、法则,就是善的格式、善的法则。事物的秩序,是至善的秩序。第二个方面,"格物"的格,还有一个宗教意义上的意思,指能感通神明,如《尚书》中的"格于皇天"。

把"感通"和"格式"这两个意思结合起来,"格物"的意思就很清楚了,就是通达事物的秩序。知道"至善",就是宇宙万物所遵循的根本法则,这就有了真的认知,"致知在格物"。

原文

物格而后知至，知至而后意诚，意诚而后心正，心正而后身修，身修而后家齐，家齐而后国治，国治而后天下平。自天子以至于庶人，壹是皆以修身为本。其本乱而末治者否矣。其所厚者薄，而其所薄者厚，未之有也！此谓知本，此谓知之至也。

译文

探求物理而后带来知识，带来知识而后心意真诚，心意真诚然后内心公正，内心公正而后自身修正，自身修正而后家族得以整治，家族得以整治而后国家得以善治，国家善治而后天下太平。从天子到普通百姓，都统一以修身为本。本根乱了，还想把末枝治理好，是不可能的。他所重视的变得稀薄，他所看轻的变得厚重，这是从来没有的。这可称为知道根本,这可称为智慧的极致。

"物格而后知至",探求物理而后带来知识。探求到事物的客观法则,知道万物的至善秩序,就有了知识。

"知至而后意诚",有了知识而后心意真诚。知道"至善"是真理,是客观秩序,这样对"至善"就诚心诚意了。

"意诚而后心正",心意真诚然后内心公正。诚心诚意服务于至善的目标,心就公正。

"心正而后身修",内心公正而后自身修正。修身,修的是公正之心。

"身修而后家齐",修身成功,就可以治理家族了。有善良的、公正之心,就可以治理好家族了。

"家齐而后国治",家族得以整治而后国家得以善治。周朝是宗法制家天下。嫡长子为君主,弟弟们往往就是卿大夫等众臣。国家内部矛盾，主要表现在君主和卿大夫之间，表现在卿大夫家族之间，表现在家族亲戚之间。家族关系处理好了，就等于国家要员的关系处理好了，所以说"家齐而后国治"。

"国治而后天下平"，国家善治而后天下太平。国家治理好了，天下就太平了。

"自天子以至于庶人，壹是皆以修身为本"，从天子到普通百姓，都统一以修身为本。以修身为本，等于以亲民为方向，以保守至善的准则为本。以修身为本，就是以向善为本，将个人生命和国家命运都置于"至善"的基础上，置于保护和成全万物、保护和成就万民的基础上。

《大学》讲的修身，是以"止于至善"为根本方向的。至善，就是成全人、成就人。

"其本乱而末治者否矣"，本根乱了，还想把末枝治理好，是不可能的。如果治国的根本方向错了，不是止于至善，不是以成全万物、成就万民为本，而是以加强控制和剥夺为方向，那么就是方向错了。重在方向正对，方向一旦错了，还想在具体事情上做好，是不可能的。

"其所厚者薄，而其所薄者厚，未之有也！"他所重视的变得稀薄，他所看轻的变得厚重，这是从来没有的。这个意思就是，人心导向，决定事情变化。你重视什么（厚），什么就会变重要（厚）；你轻视什么（薄），什么就变得不重要（薄）。

"此谓知本，此谓知之至也"，这可称为知道根本，这可称为智慧的极至。根本就是至善，实现至善要靠明德。至善和明德，最终表现在亲民上，表现在爱人上；这就是本，是人生之本，也是治国之本。

上天创生万物，天道秩序成全万物，这就是至善，至高之善。这至善的力量和秩序，在宇宙中，也在人心中，就是人心中的"明德"，光明之德。认识宇宙之善，体会人心明德，将生命定位在保护万民成全万民，定位在"亲民"，这样的人生是安定充实的，这样的国家是稳定富强的。

上天之道是成就万物、成就人。所以，成就别人就是成就自己，成全别人就是成全自己。小成功，在输赢；大成功，在成全。正如孔子所言："君子成人之美。"

第二讲

诚意

诚其意，毋自欺

我们每一课，都会回到"大学之道，在明明德，在亲民，在止于至善"这句话，明德＋亲民→止于至善，这是《大学》的纲领，是《大学》思想的树根和树干，其他章节是《大学》思想的枝条。

中国先秦的文化中，有一个核心的关系，就是天人关系，即上天与人的关系。从天人关系出发，是把握中国先秦精神的要点。例如，《大学》为什么强调要"明明德"，彰明人的光明德性，这是因为上天是至善的，宇宙的秩序是至善的秩序，所以人要以内在的光明德性，去遵循上天至善的光明之德。

《尚书·吕刑》中有一个重要概念，叫作"天德"，"惟克天德"，承担和实现上天之德。"克"，是承担和实现的意思。"天德"这个概念，有助于我们理解《大学》中的"明明德"，"天德"即上天是有德的，是道德的；也有助于我们理解《大学》所说的"至善"，"至善"即指上天之德。上天创生万物，维系万物的和谐秩序，所以上天有德，是至善的。

《楚辞·大招》中说："雄雄赫赫，天德明只。"雄浑而显赫啊，上天之德无限光明。

上天有光明的天德，所以天生德于人，人也有内在光明之德。以人德随天德，以人的德性之光明，来彰显上天德性之光，这就是"明明德"的起源。补充讲解了"人德"与"天德"的关系之后，我们来讲"诚其意"的问题，即做人要诚心诚意的问题。

原文

所谓诚其意者，毋自欺也。如恶恶臭，如好好色，此之谓自谦，故君子必慎其独也！小人闲居为不善，无所不至，见君子而后厌然，揜其不善，而著其善。人之视己，如见其肺肝然，则何益矣！此谓诚于中，形于外，故君子必慎其独也。曾子曰："十目所视，十手所指，其严乎！"富润屋，德润身，心广体胖，故君子必诚其意。

译文

所谓心意真诚，就是不自我欺骗。如同厌恶恶臭，如同爱好美色，这可称为自己保有恭敬之心，所以君子独处时也必须谨慎。小人居住独处时，行不善之事，无所不至其极。看到君子后，他们收敛自己，掩藏不善，表现善行。别人看你，如同能透视你的肺和肝一样，这样做有什么益处啊！这就是人们所说的诚于内心的，就一定会表现出来。所以君子在独处时，也必须警慎。曾子说："众多眼睛盯着你，众多手指指着你，多么严厉啊！"财富能润色房屋，德性能滋润身心。心胸广阔能使身体壮实，所以君子必须使自己心意真诚。

"所谓诚其意者，毋自欺也。""诚"字左为"言"右为"成"，本义为"斧钺"，指信守诺言，能以武力成就所说的话。之后词义演变为诚实，真诚。"诚其意"，指意念真诚，诚心诚意。"毋自欺也"，不要自我欺骗。

所谓心意真诚，就是不自我欺骗。真实地面对自己，培育一颗诚实的心。自欺，是一种普遍的心理问题。自欺的根本，是出于各种动机而偏离了真实，相信或表达虚假的东西。

"如恶恶臭，如好好色，此之谓自谦，故君子必慎其独也！"如同厌恶恶臭的味道，如同爱好美色，这可称为自己保有谦诚之心，所以君子独处时也必须谨慎。

"如恶恶臭"中的第一个"恶"，指厌恶，对什么恶心。第二个"恶"字，指恶臭。"臭"指味道，不指臭味。"如好好色"，第一个"好"是爱好。第二个"好"指美色，美女。《说文》："好，美也。""如好好色"指爱好美色，喜欢美女。有注家解释为美好的颜色，不妥。好色，多指美色、美女。

厌恶恶臭，爱好美色，这是真实的人性表现。对自己要诚实，面对真实的自己。厌恶恶臭是正常的，你不能骗人骗己，说喜欢恶臭。你不能骗人骗己，说自己不爱好美色。

"此之谓自谦"，这个"谦"字，东汉的郑玄解释为"慊"，满足。"自慊"，就成了自我满意，自己对自己满意。后来注家跟从，成为主流解释，但这个解释不妥当。为什么"厌恶恶臭"和"爱好美色",就能自我满意了呢?"谦"字指的是"谦诚",谦逊诚实之意,也就是要诚实地看到自己厌恶恶臭和爱好美色的内心世界。"故君子必慎其独也!"即便在独处的时候,没有他人在场,也要保持真诚的心态,不能有自欺欺人的念头。

"小人闲居为不善,无所不至",小人居住独处时,行不善之事,无所不至其极。小人一旦没有外在环境的约束,以为没有人会发现,就会把坏事做到极致。

"见君子而后厌然",看到君子后,他们会收敛自己。"厌",读 yā,指一物压另一物上,盖住自己的恶行,不善之行。"揜其不善",掩藏不善。掩藏住自己不善的心思和行为。"揜"读 yǎn,掩藏。

"而著其善",表现善行。表现出自己行善的一面。

本句提到"善"与"不善"的问题。小人即不善之人,君子即善人。"故君子必慎其独也!""慎独"是有标准导向的，这就是"善"与"不善"的选择。

"所谓诚其意者，毋自欺也"，这句话是有价值取向的。心意真诚的价值取向，是以"善"为方向，避免"不善"。真实地面对自己内心涌出的善与不善的念头。彰明善的欲望，控制住不善的欲望，不自我欺骗。其中，"诚其意"的价值取向，就是《大学》开篇的"止于至善"。"至善"是《大学》的总纲领，是"诚意"的方向，诚心诚意寻求至善。

我们分析过，"善"的造字原形，是一个"羊"加两个"言"。意思可能是以羊向上天献祭，嘴里祈求上天护佑，羊群丰美，生命繁荣。"善"就是敬畏上天，得到上天护佑，得以繁育生命。诚心诚意求善，就是诚心诚意做有益于生命之事，做成全生命之事，成全人的愿望。

"人之视己，如见其肺肝然，则何益矣！"别人看你，如同能透视你的肺和肝一样。这样做又有什么益处呢？指小人的行为，私下里坏事做绝，但在君子面前，假装自己是善人。这样的虚假行为，是无益的，别人会看得出来。

人与人相处，除了眼见耳听之外，还有一些直觉性的感知。有的人，一眼看上去就不会信任他，这是因为他传递出了一种不可信的信息。人欺骗人，是不可能长久的。与人相处，成本最低的办法，就是诚实。诚实最轻松。

"此谓诚于中，形于外，故君子必慎其独也"，这就是人们所说的真诚于内心，就一定会表现出来，所以君子在独处时，也必须警慎。这种真诚，不仅指真实地面对自己，更指真实地面对"至善"的价值原则。避免不善的念头和行为妨碍自己的人生，真诚地用"至善"来引导自己的思想和行为。

"诚于中，形于外"，这是一句名言，是真理。人内心闪动的一切念头，都必然以各种方式表现出来，都会被人觉察到。念头终是藏不住的。人生最智慧的办法，就是真诚待人，内外透明。按内外透明的方法来处世，我们就知道要改变自己许多不好的想法和行为方式。

造假的人生，虚假的人生，其实很累人。一个谎言，需要更多的谎言来掩盖，结果就堆积愈来愈多的谎言，以致把自己的生命压垮。谎言人生，假话人生，是自杀式的人生。撒谎，如同魔鬼一样毁坏生命。如果有一种职业，需要你不断说假话，不断撒谎，不断颠倒黑白，这种职业表面上再光鲜，也千万不要去做，这是自杀性的职业要求，会招致祸害，伤害生命。

曾子曰："十目所视，十手所指，其严乎！"曾子说："众多眼睛盯着你，众多手指指着你，多么严厉啊！"十目、十手，不是实指，而是指许多的意思。十目，许多双眼睛。十手，许多只手。

尤其是机构领导人，高高在上，众人瞩目，其内心想法、一言一行，都在众人眼中，没有任何东西能真正掩藏住。以为自己能藏着掖着，这是愚蠢的想法，真实的想法是藏不住掖不住的。所以，最好的办法就是真心向善，真诚地去护卫民众和成全民众，这样的生命是真实的。真实的生命，轻松自在。

"富润屋，德润身"，财富能润色房屋，德性能滋润身心。有财富能使房屋装修得好，有德性能使身心健康。这句话很有意思。要身体好，首先德性得好，德性与身体有正相关的关系。"明明德"既是彰明光明德性的问题，也是使自己血气顺畅和身体健康的问题。

"德润身"，德性与身体关系密切。我们可以理解，身体气血的协调，与德性的主心骨有关。有序和失序，是宇宙间的根本问题。宇宙的秩序是导向至善的，善是和谐的中心。人心导向德性，导向至善，身体这个小宇宙秩序就顺畅了。身体不好的时候，要反省自己的德性。要身体健康，得从德性向善开始。有善，就有秩序；不善，就失序混乱。

"心广体胖",心胸广阔能使身体壮实。心胸宽广,身体就壮实。"胖"不是肥胖的意思,而是壮实的意思。春秋时期的古人多从事体能活动,武士要练武,农民要种地,肥胖人少,大家以壮实为美。以至善为导向,以成全人、成就人为导向,心胸自然开阔,身体内有更大的能量流动,身体也就健康壮实。

"故君子必诚其意",所以君子必须使自己心意真诚,使自己成为一位真诚的人。

本课告诉我们几个要点。第一是要诚其意,要真诚面对自己,面对他人,真诚面对"止于至善"的要求。第二是"诚于中,形于外",内心真诚,必表现出来;内心不真诚,也必然会表现出来。所以一定要"慎其独也",要"诚于中",真诚是最智慧的生存方式。第三是"德润身",德性与身体健康关系密切。

第三讲

修身

如切如磋，如琢如磨

孔子以诗书礼乐教。

——《史记·孔子世家》

《诗》是孔子教学的重要内容。《论语》及战国楚竹书"上博简"(《上海博物馆藏战国楚竹书》)中,记载不少孔子论《诗》的内容。孔子借诗议德,借诗议政,继承了中国"诗－政传统",也强化了中国后来的"诗－政传统"。所谓"诗－政传统",指以诗歌表达政治看法的传统。

　　远古社会,两种权力最为重要,一种是祭权,祭祀的权力、宗教的权力,由祭司掌握;另一种是军权,调军、征战的权力,由君主掌握。

　　中国历史与西方历史的一个重大区别,是西方历史上的祭权和军权、教权和王权,一直处于二元分立、相互制衡的状态，这是西方社会自由的基础。但在中国，从商朝开始，王权取得了优势，王权控制了祭权，政治权力控制了宗教权力，形成政教一体的传统。

商朝、西周是政教一体的，君王掌握军事和政治权力，同时也掌握最高祭祀权力，如《左传》中所说："国之大事，在祀与戎。"

"诗"字的原义是祭坛前的语言，表示献祭人的祝祷赞颂。"诗"，指向神明说的话，原本属于祭司的语言。诗歌能力，是宗教能力、教化能力的一种表现。

由于政教合一的传统，中国古代政治家，都喜欢表达自己政教合一的能力，历史上都比较重视诗歌的能力。孔子甚至说："不学诗，无以言。"（《论语·季氏》）意思是：不学诗，就不会说话。

周公很典型，他是诗人、军事领袖、政治家。《清华大学藏战国竹简》的《耆夜》篇记载了周公的祝诵诗："明明上帝，临下之光。"意思是：光明的上帝啊，你的光辉照耀大地。

西汉王朝的开创者刘邦是平民出身。大家似乎觉得刘邦没什么文化，但刘邦写出了当时最好的诗歌，如《大风歌》："大风起兮云飞扬，威加海内兮归故乡，安得猛士兮守四方！"

政教一体的历史传统，形成了中国民众对领导人政教一体能力的某种期盼。当一位政治领导人诗歌能力超强的时候，会增加他的一种神秘的能力。追求政治家、军事领袖、诗人合一的这种传统，从商周以来一直延续到近代。这种心理结构，估计未来相当一段时间也不会消失。

原文

《诗》云："瞻彼淇澳，菉竹猗猗。有斐君子，如切如磋，如琢如磨。瑟兮僴兮，赫兮喧兮。有斐君子，终不可諠兮!""如切如磋"者,道学也。"如琢如磨"者,自修也。"瑟兮僩兮"者,恂慄也。"赫兮喧兮"者,威仪也。"有斐君子,终不可諠兮"者,道盛德至善,民之不能忘也。

《诗》云:"於戏,前王不忘。"君子贤其贤而亲其亲,小人乐其乐而利其利。此以没世不忘也。

译文

《诗·卫风·淇奥》上说:"看那淇水之湾,菉竹郁郁葱葱。这位光彩照人的君子啊,他如同打磨骨器、如同打磨象牙、如同打磨玉石、如同打磨宝石。他恭敬又小心,显赫有威仪。这光彩照人的君子啊,终是让人不可忘记。"所谓"如切如磋",指学道。所谓"如琢如磨",指自我修身。"瑟兮僩兮",指恭敬谨慎。"赫兮喧兮",指威仪显赫。"道"的力量旺盛,德性抵达至善,民众不能忘记。

《诗·周颂·烈文》上说:"呜呼!不忘先王的功德。"君子以贤人为贤而任用之,亲爱自己的亲族而依赖之。小人追求自己的快乐,以自己的私利为利益。因为这样,君子去世以后,仍不会被忘记。

《诗》云:"瞻彼淇澳,菉竹猗猗。""《诗》云"即《诗》上说,《诗》指《诗经》。《诗经》是中国最早的诗歌总集,收集了公元前11世纪西周初年到公元前6世纪春秋时期各国的诗歌,现在留下311篇。

"瞻彼淇澳",看那淇水之湾。瞻,瞻望,往前看。"淇",淇水。现在河南省北部地区,春秋时期流经卫国。"澳",指岸边水流弯曲的地方。我把"瞻彼淇澳"译为"看那淇水之湾"。

"菉竹猗猗",荩草茂密。"菉竹",并不是指绿绿的竹子，而是指荩草。荩草长得有点像小竹子，又称菉竹。"猗猗"，茂盛的样子。

"瞻彼淇澳，菉竹猗猗"，即：看那淇水之湾，菉竹郁郁葱葱。

"有斐君子"，"斐"原义指文采斐然的意思。"有斐君子"，可译为：那位光彩照人的君子啊！

"如切如磋，如琢如磨"，《尔雅·释器》上说：金，谓之镂。木，谓之刻。骨，谓之切。象，谓之磋。玉，谓之琢。石，谓之磨。

"镂"，指制作金器。"刻"，指制作木器。"切"，指切割打磨骨饰品，如用牛骨、骆驼骨制作骨珠等。"磋"，指打磨象牙等牙饰品。"琢"，指打磨玉石制作玉器。"磨"，指打磨宝石。

"如切如磋，如琢如磨"，指制作打磨骨饰品、牙饰品、玉饰品和宝石饰品的四种工艺。它们的共同点，是把材料打磨出光来。

"有斐君子，如切如磋，如琢如磨"的意思是：这位光彩照人的君子啊，如同打磨骨器、如同打磨象牙、如同打磨玉石、如同打磨宝石。指君子认真修炼德性，下功夫修身，打磨出了自己德性的美丽光泽，成为"明明德"的"有斐君子"。

《大学》认为，人有内在的光明的德性，这德性之光，需要通过修身、修德而打磨出来，如同骨头、象牙、玉石、宝石通过"切磋琢磨"，变成有光泽的珍贵的饰品。"明明德"的过程，就是打磨出自己美好的德性之光的过程。

"瑟兮僴兮"，恭敬又小心。"瑟"，恭敬。"僴"，谨慎。"赫兮喧兮"，显赫而有威仪。

"有斐君子，终不可諠兮"，这位光彩照人的君子啊，终是让人不可忘记。"諠"，指忘记。

这是赞美一位君子，赞美他能明明德，赞美他磨炼自己的德性，释放出了德性之光。这位君子是谁？指卫武公。这首引自《诗经·卫风·淇奥》的诗歌有三段，《大学》本章只引了第一段，内容是卫人对卫武公的赞美。

卫国的开国君主是周武王的九弟康叔。卫国中心区域在河南北部与河北交界处，大约在今天河南鹤壁市淇县一带，这是当时周灭商后的殷商故地。卫武公是卫国第十一位国君，公元前812年至公元前758年在位。卫武公本为侯爵，公元前771年他率卫国军队救援周平王有功，被封为公。卫武公是卫国国君，但有时也在周王室担任卿士，地位类似总理级别的职位。

卫武公有点类似一千一百多年后唐朝的李世民，他在争夺王位继承权的时候下手很狠，杀了自己的哥哥，但执政治理国家的时候，宽容厚道，重用人才，从谏如流，确实是一代明君。

《诗经》中有四首诗与卫武公有关，三首诗是卫武公自己写的，内容是劝谏君主朝臣们约束自己，好好治国。还有一首就是这首卫人赞美卫武公的《诗经·卫风·淇奥》。

这诗歌中的第三部分,描述卫武公是"善戏谑兮,不为虐兮",指他为人幽默,爱开玩笑,但不虐待人。卫武公是一位雄才大略、性格开朗的君主。大概是因为他心态好,活了九十多岁。

卫国政治环境宽松,春秋战国时期人才辈出。例如孔子的学生子路、商鞅,还有把秦国政权当成风险投资来经营的吕不韦,还有中国第一位女诗人许穆夫人,她有三首诗被收入《诗经》。孔夫子在鲁国政坛不顺,周游列国 14 年,其中有 10 年在卫国居住。这与卫国重视和优待人才的历史传统有关。卫国还是周朝姬姓王族国家中存续时间最长的,有 907 年之久。

"'如切如磋'者,道学也。"所谓"如切如磋",指学道。学道的过程,如同切割打磨骨器,如同切割打磨象牙制品。

"'如琢如磨'者,自修也。"所谓"如琢如磨",指自我修身。自我修身的过程，如同打磨玉石，如同打磨宝石。

"'瑟兮僩兮'者，恂慄也。"所谓"瑟兮僩兮"，指恭敬、谨慎。"恂"，敬畏、恭敬。"僩"，谨慎小心。修德的过程，是随时随地看好自己的念头，控制不善的念头，使自己的念头向善，这是一个与自己斗争和战胜自己的过程。

"'赫兮喧兮'者，威仪也。"所谓"赫兮喧兮"，指有显赫和威仪。"威仪"，包括出行时候的仪仗安排。

"'有斐君子，终不可諠兮'者，道盛德至善，民之不能忘也。"所谓"有斐君子，终不可諠兮"，指君子心中充满道的力量和法则，君子之德止于至善，民众不能忘却这样的君子。"道盛"，道很盛大，指能量充实、遵循道的法则。"德至善"，明德以止于至善的境界。民众希望君子有道，民众渴望君子有德。

"《诗》云：'於戏，前王不忘。'"这句诗出自《诗经·周颂·烈文》。这首诗是西周初期周成王祭祀的诗歌。"於戏"是感叹词,"前王不忘",就是不忘记前王们的德性和功业。周成王的前王,就是周武王、周文王等。要再远,还可以追到周人的始祖后稷。凡被自发怀念的前王,一定是有德于天下、有功于民众的前王。

"君子贤其贤而亲其亲",君子以贤人为贤而任用之,亲爱自己的亲族而依赖之。这是周朝的执政观。周代是宗族社会,所以"亲其亲"、亲爱亲族是国家治理的基础。但是"亲其亲"会造成一个缺陷,就是信任半径窄,对血缘系统之外的人才会排斥。为了避免"亲其亲"的局限性,周朝还强调"贤其贤",要尊重贤才、任用贤才。"君子贤其贤而亲其亲",这就是君子、领导人的执政取向。君子的取向,君子的工作,就是重视和任用贤才,同时加强宗族族人的团结。

这句话是总结,为什么卫武公会被怀念?为什么前王们会被人怀念?就是因为他们"贤其贤而亲其亲"。

"小人乐其乐而利其利。"小人追求自己的快乐，以自己的私利为利益。小人所求的，是满足自己欲望而快乐，只顾自己的利益。这与君子不同，君子以得到贤才辅佐为快乐，以亲族团结为利益。君子有国家意识，有天下考虑；小人没有国家意识，只考虑自己和家人利益。

人的地位不一样，境界不一样，对什么是核心利益，就会有不同的判断。对国君来说，族群的团结，有贤才辅佐，这当然是最大的利益来源。对普通百姓，也即诗里面说的小人，他们为养家糊口在努力，很难这么去思考国家利益问题。"君子贤其贤而亲其亲，小人乐其乐而利其利"是一句名言。

"此以没世不忘也"，因为这样，君子去世以后，仍然不会被忘记。为什么修德修身，最后会落在"没世不忘"，也就是被历史记住呢？

史官是中国文化的奠基人，所以中国文化特别重视历史。从本课看，《大学》对永恒的追求，似乎不是追求宗教意义上的灵魂永生，而是追求进入历史，在后人的记忆中永生。通过立德、立言、立功，进入历史而永恒。后人"前王不忘"，前王们就在后人的心中永恒存在了。动员中国人，从进入历史开始，以在历史中有意义来召唤，很容易打动人心。

这一讲，讲的是修身、修德。将生命的意义定位在历史记忆中，以德待民，人民怀念，进入历史记忆，获得永恒的生命。

第四讲

日新

苟日新，日日新，又日新

本课讲"日新",分析如何"明明德"。

《大学》认为,"明明德"不是一时一地之事,不是一蹴而就之事,而是终生之事,每日之事,日新之事。本课分析《大学》的纲领"明明德－亲民－止于至善"的思想来源,这个思想来源就是"天命"。"大学之道"其实就是落实"天命之道"。

原文

《康诰》曰:"克明德。"《太甲》曰:"顾諟天之明命。"《帝典》曰:"克明峻德。"皆自明也。

汤之盘铭曰："苟日新，日日新，又日新。"《康诰》曰："作新民。"《诗》曰："周虽旧邦，其命惟新。"是故君子无所不用其极。

译文

《尚书·康诰》说："要彰明德性。"《尚书·太甲》说："（先王商汤）顾念不敢偏离上天光明之命。"《尚书·尧典》说："要能够彰明高尚的德性。"都靠自我彰明美德。

商汤所用盥洗盘上的铭文这样说："怀敬畏之心，每日洁净心灵，日日洁净更新，又日日洁净更新。"《尚书·康诰》说："要做自新之民。"《诗经·大雅·文王》中说："周国虽是古老邦国，天命周人维新世界。"所以君子要用尽一切办法以实现天命。

《康诰》是《尚书·周书》中的一篇。"诰",原义是告诉。天子告诉受封的诸侯,称为诰命,内容是命令和训诫。《康诰》是周公以周成王的名义,封康叔于卫国时做的诰命。周公是周文王第四个儿子,康叔是周文王第九个儿子。

大约在公元前1043年,周武王去世,周武王儿子姬诵周成王继位,年龄大约十三岁,周武王的四弟周公旦摄政。周公的三哥管叔鲜、五弟蔡叔度、八弟霍叔处对周公摄政不满,联合商纣王儿子武庚发动反对周公的叛乱,史称"三监之乱"。之所以称为"三监",是因为周公这三位兄弟原本是由周武王派到殷商故地负责监督武庚和殷遗民的。

大约公元前1040年,周公东征两年多平定了"三监之乱"。九弟康叔支持周公参与平叛有功,周公把原属武庚的殷商故地和殷遗民封给了康叔,以商朝原首都朝歌为都城。《康诰》就是周公送康叔去卫国建国时的告诫。

《康诰》曰:"克明德。"意思是:《康诰》上说"要彰明德政。""克",指能够做到。《大学》引《康诰》"克明德"这句话,是为了说明《大学》开篇所讲的"明明德"是对《康诰》的继承,是对周公精神的继承。

《康诰》是一篇很长的讲话,《大学》只引了其中"克明德"这句话。我们需要看一下"克明德"的前言后语,更完整地理解"克明德"。

《大学》所引的"克明德",指《康诰》中的"克明德慎罚"。能够彰明德政、谨慎刑罚,这是周公对周文王的赞美。

周公告诫康叔,要以周文王为榜样。周文王"克明德慎罚",周文王彰明德政,对刑罚十分谨慎,他的声誉被上天听到,"声闻于天",因此上天拣选了周文王,降天命于周文王,奠定了周人征服商王朝的基础。周公说明,身为君主,能够做到"明德慎罚",是上天护佑的前提，也是拥有天命的前提。

周公要求康叔"明德慎罚"，这很有针对性。周公东征，刚完成对武庚等参与"三监之乱"的殷遗民的镇压，叛乱已平息，重要的是施德于民，安抚人心。这决定了周王朝的执政基调就是"明德慎罚"，行德政造福于民，在刑罚上小心谨慎。杨鸿烈先生在《中国法律思想史》中将中华法系的思想特征概括为"德主刑辅"。"德主刑辅"就来源于周公"明德慎罚"的观念。

请大家注意一个重要细节，《大学》引《康诰》与明德有关的句子，只引了一半。本来是"克明德慎罚"，《大学》却只引了"克明德"，没有引"慎罚"。这应当不是疏忽，而有意为之。说明《大学》重视的是"明德"，讲以德治国，反对以刑治国。如同西汉董仲舒《天人三策》中所说的："天之任德不任刑也。"

《大学》开篇讲"大学之道，在明明德，在亲民，在止于至善"，没有给刑罚留下位置。中国历史上，儒家重点讲德政和礼制，法家重点讲刑法和惩罚。

"《太甲》曰：'顾諟天之明命。'"《太甲》指《尚书·商书·太甲》，记录的是商朝开国宰相、摄政王伊尹对商朝第四位君王太甲的训诫。商朝第四位君王太甲继位后，任性昏乱，开国宰相伊尹把太甲放逐了三年。伊尹反复教育太甲，要太甲反省。三年后太甲悔过自新，伊尹才还政于太甲。

《尚书·太甲》记载，伊尹要求太甲以先王为榜样。伊尹写道："先王顾諟天之明命，以承上下神祇。"意思是，先王商汤顾念上天光明之命，以承顺上下神祇。上天发现商汤有德，天命降临商汤，使商汤去安定四方。核心观念是：天命降临有德之人。"顾"，用心看、顾念、关注。"諟"，正，指不偏离。伊尹要求太甲以先王为榜样，强调"天降大任于有德之人"。

"《帝典》曰：'克明峻德。'皆自明也。"《帝典》，指《尚书·虞书·尧典》，上面说："克明峻德，以亲九族。""克",指能够做到。"明峻德",指彰明高大之德,高尚之德性。"以亲九族",使九族亲爱团结。"九族"这个概念,有两种说法。一种指父族线索,上下九代人;另一种指父族四、母族三、妻族二。我认同第二种说法。

请大家注意,《大学》"在明明德,在亲民"的提法,很明显是对《尚书》"克明峻德,以亲九族"的继承。这也有助于我们理解"亲民"的内涵。"亲民"首先指亲爱宗族之人。周代是以宗族为组织基础的社会,团结同族之人是统治基础。

"皆自明也",指的自我修德而使德性得以彰明。意思是,夏朝以前的明君尧、商朝的开国者商汤、周朝的开国者周文王这些先辈贤王,他们都是自我修德,彰明德性,以德治国,执政有德于民众,才得到了上天的选择。天命降临有德之人,人得先修炼好自己的德性,以迎接天命的选择。自助者天助,自修者天选。

"汤之《盘铭》曰","盘",商周贵族洗脸,用一个青铜的水壶和一个接水盘子。水壶称为匜(yí),水壶浇水,双手接水洗脸,水接在盘中。洗脸的时候,脸面对盘,眼睛会看到盘底铸的铭文。"盘"是青铜制成的盥洗用具,形状比较像今天用的平底锅。

"苟日新,日日新,又日新。"这句话流行的解释是:如果今天新洗涤,每天都应洗涤,每日都在更新。

"苟日新"的"苟"字怎么解释?通常解释是把"苟日新"中的"苟"字理解为"苟"字,"苟"是如果的意思,读音为gǒu。但"苟"的理解,学界有不同看法。清朝人许瀚(1797—1866)将这个字解释为"敬",敬畏的"敬",读音为jìng。郭沫若先生也把"苟"解为"敬"字,并且引用不少金文例证。金文中的"敬"字,就有"苟"的写法。我认同将"苟"字解释为"敬"字。

"敬"的原义,指对上天的敬畏。《左传》上说:

"敬，德之聚也，能敬必有德。"恭敬、敬畏之心，是德性的聚合。能敬畏恭敬者，必有德性。正因为怀有对上天的敬畏之心，才会有洗涤自己心灵的动力，才会努力使自己的德性日日洁净更新。没有信仰，难有真正的德性。

"日新"，指德性日新，每日洁净德性、更新德性。"日新"是周朝常用的政治伦理概念。《尚书·商书》说："德日新，万邦惟怀；志自满，九族乃离。"意思是如果德性日新，万邦怀念。如果志得意满，九族分离。《周易·系辞传》也讲到"日新"："富有之谓大业，日新之谓盛德。"意思是，富有天下可称为大事业，德性日新可称为盛德。

"苟日新，日日新，又日新"这一句可理解为，怀有敬畏之心，每日更新德性，日日新生。

"《康诰》曰：'作新民。'"《康诰》，前面解释过，指《尚书·康诰》篇。我们看一下《康诰》"作新民"

这句话前面的句子,以确定"作新民"的本义。

周公告诫康叔说:"我听说:'怨恨不在大,也不在小,就看能否施惠于人,能否勤勉服务人。'你这个年轻人,要致力于弘扬我们君王保护殷民的使命,协助我们君王安定天命,与殷民一起成为新人。"

《康诰》原文:我闻曰:"怨不在大,亦不在小。惠不惠,懋不懋。已!汝惟小子,乃服惟弘王应保殷民,亦惟助王宅天命,作新民。"

周人征服商国,商国是大国,商人数量远多于周人。征服者最难之事,就是被征服者的认同与服从。周公告诫康叔的话,是深思熟虑的。

第一,周武王、周公一直强调周人推翻商纣王,也是在保护商人。《尚书·泰誓》中记载周武王伐商誓言,指责商纣王"弗敬上天,降灾下民",不敬上天,使灾难降临民众。周人讨伐商纣王,是消灭暴君,拯救天下民众。周公要求康叔要真诚弘扬保护商人的使命,不是以商人为敌人，而是将商人当成保护对象。

第二，周公强调要让商人维新自己，成为新人，与周人一起建立新国家。这条很重要，用未来的理想来牵引心灵，把大家的眼光从过去转向未来，共建美好的未来新世界。成为新人，不仅把商人改造为新人，也指周人也要革新自己，成为新人。

《诗经·文王》："周虽旧邦，其命惟新。"周国虽是古老邦国，天命周国维新世界。这首诗清晰表达了周人建立美好新世界的梦想。唯有建立未来的共同理想，才能有效消除历史上因战争造成的苦痛记忆与内心敌意。这首诗强调周人革命，是要消除暴君商纣王的昏暴压迫，解放天下人，包括解放商国民众。周人所来，并非建立只属于周人的国家，而是要与商人一起共同成为新人，共建更美好的新国家，共创更美好的未来。

按周公这样的治国思想，只要能够"诚其意"，真心诚意去实行，就有可能消除商人内心的敌意和反抗心理，使周人政权得以巩固。从历史上看，周人的融合政策非常成功，商人与周人之间的心理隔阂逐渐消失。孔子是殷人后裔，但他成了周文王、周公的追随者，说"吾从周"（《论语·八佾》），遵从周文化，成为周文化的弘扬者、继承人。

有这些背景，我们对《康诰》上"作新民"这句话，会有更准确的理解。这是用未来的共同理想，实现征服者与被征服者的融合，新人共建新世界，共同走向未来。相比起同时期中东地区的征服战争来看，周人征服者以德服人的做法，具有兼容的德性，有很高的文明水准。

"《诗》曰：'周虽旧邦，其命惟新。'"这句诗出自《诗经·大雅·文王》，是祭祀周文王的颂歌。这首诗的开篇部分为："文王在上，于昭于天。周虽旧邦，其命惟新。有周不显，帝命不时。文王陟降，在帝左右。"译文是：文王之灵啊，高高在上。文王之灵啊，闪耀在天上。我们周国虽是旧国,天命周国维新世界。周国光辉显荣,上帝之命降临。文王之灵升降,就在上帝左右。

这首诗是对周国使命的宣示。周文王有德于民,天命降临周人。周文王奉天承运,周人有维新世界的使命。这首诗告诉我们,身为国家领袖,要将民众之心导向未来的梦想,导向共建未来的理想世界。今天的术语,叫要提供愿景。杰出的领导人,是能激励愿景的人,激发理想精神的人。

"是故君子无所不用其极。"所以君子无所不用到极致。指的是要用尽一切办法修行明德、维新自我,力求做到极至。

本课的核心的是:明德源于天命,修德就是敬畏天命和顺从天命。修德不是一朝一夕之事,而是一生之事，不可间断之事。必须怀着敬畏之心，日日修德，日日反省，日日更新。修德的结果，是敬天爱人，与人共进，共建美好新世界。

第五讲

知止

邦畿千里,惟民所止

本课讲知止，"止"字是关键，请注意"止"字出现的地方。所谓"知止"，即知道停留在哪儿，抵达哪儿，坚守在哪儿，这是对《大学》中"止于至善"的"止"的再说明。本课仍然以诗论展开，借着对古代诗歌的解释，表达对人应有的德性准则的看法。

原文

《诗》云："邦畿千里，惟民所止。"《诗》云："缗蛮黄鸟，止于丘隅。"子曰："于止，知其所止，可以人而不如鸟乎？"《诗》云："穆穆文王，于缉熙敬止！"为人君，止于仁；为人臣，止于敬；为人子，止于孝；为人父，止于慈；与国人交，止于信。

子曰："听讼，吾犹人也，必也使无讼乎！"无情者不得尽其辞，大畏民志，此谓知本。

译文

《诗经·商颂·玄鸟》中说："邦国四周千里之广的疆土，这是人民止息安居之地。"《诗经·小雅·缗蛮》上说："缗蛮鸣叫的黄鸟，止息在山丘的一角。"孔子说："在该止息的地方，就知道止息下来。身为人，还不如小鸟吗？"《诗经·大雅·文王》上说："周文王的德性啊，如同果实累累下垂的庄稼。他使人团结和睦，光明磊落，他有敬畏之心，他能自我约束"。身为人君，要坚守在仁上；身为人臣，要坚守在敬上；身为人子，坚守在孝上；身为人父，要坚守在慈上；与国人交往，要坚守在信上。

孔子说:"审判诉讼案件,我与其他人一样。我是努力使人不要进入诉讼。"没有实情的人,不能让他说些假话说辞,使民众有大大的敬畏之心。这可称为知道根本。

《诗》云:"邦畿千里,惟民所止。"这首诗引自《诗经·商颂·玄鸟》,是商人的开国颂歌。开篇诗句如下:"天命玄鸟,降而生商,宅殷土芒芒。古帝命武汤,正域彼四方。"意思是:上天命令神鸟降临,诞生出商人,居住在茫茫殷地。往昔时光,上帝命令神武的商汤,征伐疆域四方。

"邦畿千里,惟民所止",这句诗完整的句子是:"邦畿千里,惟民所止,肇域彼四海。"意思是商国国都四周的疆土有千里之广,这是商民止息安居之地,商人开疆拓土抵达四海。"邦",指国。"畿",指国都四周的地区。"止",止息、安顿下来,安居生活。指商国国土辽阔,是人们向往安居的地方。

《大学》引"邦畿千里,惟民所止"这句诗,重点是"惟民所止"中的"止"字。

"《诗》云:'缗蛮黄鸟,止于丘隅。'子曰:'于止,知其所止,可以人而不如鸟乎?'"《诗经》上说:"缗蛮鸣叫的黄鸟,止息停歇在山丘的一角。"孔子说:"在该停止的地方,就知道停止下来。身为人,还不如鸟吗?""缗蛮",形容鸟的鸣叫声。"丘",指山丘。"隅",指角落。"丘隅",指山丘边上的地方。

这句话引用的是孔子的诗论。孔子教学生读《诗经·缗蛮》这首诗,借诗中小鸟"止于丘隅",引发学生对人的德性准则的思考。缗蛮鸣叫的黄鸟,知道自己在什么地方止息停留。身为君子,知道自己的人生追求,应该停留在什么样的目标上吗?知道自己应该坚守在什么样的价值准则上吗?

《诗经·绵蛮》这首诗讲的是,即便路途遥远艰难,也要坚持前行。诗歌共分三段,"绵蛮黄鸟,止于丘隅"是第二段的第一句,紧跟后面的内容就是"岂敢惮行,畏不能趋",指岂敢害怕远行,只是担心不能快速前进。这段诗的内容与孔子强调的人要积极修德、不怕艰难,有精神上的关联。

"《诗》云:'穆穆文王,于缉熙敬止。'"这句话引自《诗经·文王》,内容是对周文王的赞美。"穆穆",通常解释为庄严肃穆。"穆"字的象形及金文字形,都是庄稼结满果实,累累下垂的样子。"穆穆文王",本义指周文王的德性如同果实累累下垂的庄稼,能够养育生命,同时又为人谦逊。"于缉熙敬止","于",指好像、什么样的样子。后面四个字是四个形容词。"缉",指和睦、能团结人。"熙",指明亮开朗,光明磊落,与人无隔阂。"敬",对上天有敬畏心、待人恭敬。"止",知道自己该停止在什么边界,指能够自我约束和自我限制。"穆穆文王,于缉熙敬止"这句诗的后面,还有两句诗:"假哉天命,有商孙子。"这几句诗的意思是,周文王的德性啊,如同果实累累下垂的庄稼;他使人团结和睦,光明磊落,他有敬畏之心、能自我约束;他被授予了天命,拥有了商的子孙。

《大学》引《诗经·大雅·文王》的诗句,是要用"于缉熙敬止"中的"止"字,来说明"止于至善"的思想渊源。其实,同一个"止"字,在不同的文献中,内涵各有不同侧重。《诗经》中形容周文王的这个"止",是自律、自我约束的意思。

"为人君,止于仁;为人臣,止于敬;为人子,止于孝;为人父,止于慈;与国人交,止于信。"身为人君,要停止在仁上;身为人臣,要停止在敬上;身为人子,要停止在孝上;身为人父,要停止在慈上;与国人交往,要停止在信上。

本段把《大学》理解的"至善"的德性,细化成了阶层性、角色性的德性准则。不同的社会阶层、不同的社会角色,有实现自己至善目标的特定德性要求。为君要仁,为臣要敬,为父要慈,为子要孝,与人交往要信。汉学家安乐哲(Roger T. Ames)在《儒家角色伦理学》一书中,称儒家伦理学为"角色伦理学"。我们逐句分析一下。

"为人君,止于仁","仁"是孔子思想的重要概念。《论语》中"仁"字共出现109次。我引两处来作为理解本句的参照。一处是《论语·颜渊》,樊迟问孔子什么是仁,孔子回答说:"爱人。"仁者爱人。另一处是《论语·雍也》上面说:"夫仁者,己欲立而立人,己欲达而达人。"

孔子理解的"仁",核心就是爱人。爱人,所以要成就人、成全人。如同父母爱孩子,最大的渴望就是孩子一生安全健康,有所成就一样。我们可以简化为,身为人君，要爱人、成全人。

在孔子对"仁"的定义中，我们来理解"为人君，止于仁"，就是身为人君，要有爱人之心，将执政治国的目标定位在爱护民众、成全民众上。注意，国君的职责，不是让自己伟大起来，而是因爱人而服务民众，帮助民众去有所成就，成全民众心中的愿望。

"为人臣，止于敬"，身为臣子，要停留在敬字上，坚守敬的准则。这个"敬"指什么？我们从《论语》中来总结一下。

《论语·学而》中说："敬事而信。"对所做的事要保有敬重之心，讲求信用。《论语·子路》也说："执事敬。"对负责的事，要有敬畏心。按这个意思，身为人臣，首先要认真对待手上的工作，要敬事，承担好岗位职责。《论语·公冶长》上说："其事上也敬。"事奉君上，有恭敬的态度。这指的是对领导的恭敬。

有了《论语》对"敬"这个概念的定义，我们就比较容易理解"为人臣，止于敬"这句话了。主要指对君上要恭敬，对工作要敬重，可以简化为"敬君敬事"，尊重君主、敬重工作，这是人臣的角色德性。

"为人子，止于孝"，身为人子，要停留在孝道，坚守孝道。"孝"的核心是奉养父母、尊重父母、顺从父母。古代中国，朝廷中讲忠，家庭家族中讲孝，忠孝两全是最重要的德性要求。

"为人父，止于慈。""慈"的金文字形，上为草木生长，指生长之义；下为用心，指用心养育生长。想想今天的父母对小孩子的态度，就能理解"慈"的内涵，就是一心一意帮助孩子成长。

"与国人交，止于信。""国人"，国中之人，指居住在都城中的人。周人征服商人，周人多居住在城中。国人，属于征服者族群，是周政权的保卫者。周代是封建贵族时代，社会组织以宗族为基础，国人是以各大宗族为主的人群，包括服务于贵族的家臣及工商业者。君主只是贵族代表,君主不具备任意生杀予夺的专制权力。与国人交往,说到底就是君主与贵族们交往。与国人的关系好坏,决定君权是否稳定。所以本章中说,与国人交往,要诚信,要讲信用。公元前841年,周厉王无道,引发贵族国人暴动,驱逐了周厉王。

《大学》中"止于至善"的大纲,在本章中被落实为阶层的德性准则,细化为君仁、臣敬、父慈、子孝、与国人交而有信。背后有一个统一的准则,就是孔子说的"爱人"。君仁,是君爱人的表现;臣敬,是臣爱人的表现;父慈,是父爱人的表现;子孝,是子爱人的表现;与国人交而有信,这是爱国人的表现。

不同的人,承担不同社会角色,从我们的角色出发,如何达到至善?如何去爱人?例如,老师爱学生的方式,就是讲好课,让学生学有所得,学而有成。教育上的爱人,就是以知识去强心育智。

"子曰:'听讼,吾犹人也。必也使无讼乎!'"孔子说:"听诉讼案件,我与其他人一样。一定要有区别的话,我是努力使诉讼案件消失。"这句话,引自《论语·颜渊》。说明《大学》在《论语》之后完成。

"听讼",指审理诉讼案子。孔子在鲁国当过大司寇,有司法审判经验。本句是孔子讲自己与其他人在处理诉讼案件上的不同心理,强调自己的处理动机,并非只是公平断案,而是力求消除诉讼本身。

为什么要消除诉讼本身?有诉讼,前提是有侵权行为,然后有争讼之心。有了诉讼案再来公正断案,这已经是第二步了。如果人们都善待他人,不侵犯他人,就不会有诉讼,也不需要公平断案了。

本课引用孔子讲司法诉讼这句话,是想说明,如果人们能止于至善,如果君仁、臣敬、父慈、子孝、与国人交而信,就不会有诉讼了。孔子在当大司寇负责司法的时候,心里想的并非公平断案这样的审判职能,孔子心中想的,仍然是仁政,是以德治国,是使国家走向至善之道。

"无情者不得尽其辞，大畏民志，此谓知本"，意思是，没有实情的人，不得让他编假话说辞，使民众有大大的敬畏之心，这可称为知道根本。为人诚实，有敬畏心，不敢说假话，不敢做假见证，这是修身的内容，也是治国的根本。

本课讲"知止"，知道坚守的德性准则。把《大学》"止于至善"的总纲，落实细化为阶层的德性要求，这就是"为人君，止于仁；为人臣，止于敬；为人子，止于孝；为人父，止于慈；与国人交，止于信"。《大学》认为，这是实现"至善"社会的阶层德性要求。

这里提醒大家注意一个问题。"为人君，止于仁；为人臣，止于敬；为人子，止于孝；为人父，止于慈；与国人交，止于信"是道德倡导的文句，而非禁止性的法律文句。道德讲倡导，法律讲禁止。倡导性的文字，最大的问题是缺少落实的强制性。如果出现"君不仁，臣不敬，子不孝，父不慈、与国人交而不信"的情况，怎么办呢？救济方式是什么？怎么去惩罚和改正呢？

《大学》的作者是道德思维，不是法律思维。试想一下，我们换一种思维方式来处理《大学》本章的内容，采取律法化禁止性的表达如下："为人君，不可不仁。为人臣，不可不敬。为人子，不可不孝。为人父，不可不慈。与国人交，不可不信。"然后有一系列惩罚措施跟上，这就是律法的思维。用禁止性的文字来表达《大学》的这个内容，我们马上会感到味道不同，这意味着更为强大的约束。要"知止"，今天的我们，"止"在何处？我们不妨思考一下，找出自己的"知止"的准则。

第六讲

正心

所谓修身在正其心者

所谓"正心",就是"使心正",使心不偏斜,使自己有一颗客观之心、公正之心,使自己具有客观公正的判断能力。

原文

所谓修身在正其心者:身有所忿懥,则不得其正;有所恐惧,则不得其正;有所好乐,则不得其正;有所忧患,则不得其正。心不在焉,视而不见,听而不闻,食而不知其味。此谓修身在正其心。

所谓齐其家在修其身者:人之其所亲爱而辟焉,之其所贱恶而辟焉，之其所畏敬而辟焉，之其所哀矜而辟焉，之其所敖惰而辟焉。故好而知其恶，恶而知其美者，天下鲜矣！故谚有之曰："人莫知其子之恶，莫知其苗之硕。"此谓身不修不可以齐其家。

译文

所谓修身，在使自己心正。自身有所愤怒，则心就不能公正客观；自身有所恐惧，则心就不能公正客观；自身有所爱好喜欢，则心就不能公正客观；心有所忧患，则心就不能公正客观。心不在焉，就视而不见，听而不闻，食而不知其味。这就是为什么说修身，在于使自己的心能够公正。

所谓整治好自己的家族，建立在修正自己身心的基础上。要想把家族治理好，要先做好修身。人对于自己所亲爱的人和事，会有偏爱；人对自己所瞧不起、厌恶的人，会有偏见；人对自己所敬畏的人，会有偏从；人对自己同情怜悯的人，会有偏袒；人对自己所傲慢和怠慢的事，判断上会有偏差。所以爱好某人某事，但也知道其不好的地方；厌恶某人某事，但也知道其美好的地方，天下人很少能做到。所以有这样的谚语："人不知道自己家孩子的不好，不知道自己家禾苗的硕壮。"这就是为什么说身不修，不可以治理好家族。

"所谓修身在正其心者"，所谓修身指要使自己心正。从下文来看，这个"正"的内涵，主要指公正客观。

"身有所忿懥，则不得其正"，自身有所愤怒，则心不能公正客观。人在愤怒的状态下，对事情的判断会失真，很难做到公正客观，所以说"不得其正"。也就是说，"正心"的第一条，就是在进行判断的时候，必须不带情绪，控制自己的愤怒，保持冷静、客观的心态，这样才有可能做出公正的判断。"有所恐惧,则不得其正",自身有所恐惧,则心就不能公正客观。人在恐惧情绪下,难以做到公正客观。所以"正心"的第二条,就是判断事情时,要排除自身恐惧情绪的干扰。

"有所好乐,则不得其正",自身有所爱好喜欢,则心就不能客观公正。有好乐之心,就会有偏爱之情。人对自己偏爱的人和事,很难做到公正客观的判断。所以"正心"的第三条,是判断事情时要排除个人偏好。

"有所忧患,则不得其正",当人被忧患情绪所控制的时候,就难以做到公正客观。所以"正心"第四条,是要求人在判断人和事时,要排除忧患的情绪。

以上内容是想说明,当人在愤怒、恐惧、爱好、喜欢、忧患的情绪状态中,就难以形成公正客观的判断。要想心正,使自己形成公正客观的判断,就必须有很好的情绪管理能力,不被情绪左右,使自己能以事实为导向,形成公正而客观的判断。

要做到冷静的思考，公正的判断，首先得成为自己情绪波动的管控大师。波动的水，成不了镜子。唯有宁静的水，才能成为镜子。正心的前提是情绪控制，是使自己的心成为宁静的水面，客观公正地映照出事物本来的样子。

"心不在焉，视而不见，听而不闻，食而不知其味"，心不在的地方，人们视而不见，听而不闻，食而不知其味。这段话说明一个心理事实，就是人类的视觉、听觉和味觉，是有一个控制源的。人心，是人类视觉、听觉和味觉的总控。用心去看，才能看清楚；用心去听，才能听明白；用心去进食，才能感知到味道。

"此谓修身在正其心。"这就是为什么说修身的前提是使自己能够心正。心正了，心公正客观了，各种感官的功能才能正常发挥，人才能公正客观地认识外部世界。

"所谓齐其家在修其身者"，所谓齐其家建立在修身的基础上。本句指我们在第一课学过的"欲齐其家者，先修其身"这句话，指要想把家族治理好，要先做好修身工作。

"人之其所亲爱而辟焉"，人对他们所亲爱的人和事，会有偏爱。"辟"，指偏、偏私、不正。如《管子》中所说的："群臣不得辟其所亲爱。""正心"第五条，就是判断人和事，要排除偏爱之心。

"之其所贱恶而辟焉"，人们对他们所瞧不起、厌恶的人，就会有歧视心。"贱"，指以之为"贱"，蔑视、瞧不起。"恶"，厌恶。此处的"辟"，指歧视。"正心"第六条，就是判断人和事，要排除歧视之心。

"之其所畏敬而辟焉"，人们对自己所敬畏的人，就会盲从。敬畏谁，就以谁说的话为准，不假思索，就会盲从。此处之"辟"，指盲从。"正心"第七条，判断人和事，要排除盲从之心。

"之其所哀矜而辟焉"，人对自己同情怜悯的人，就会偏袒。此处之"辟"，指偏袒。"正心"第八条，判断人和事，要排除偏袒之心。

"之其所敖惰而辟焉"，人对自己所傲慢和怠慢的人和事，判断上就会有偏差。此处之"辟"，指偏差。"正心"第九条，判断人和事，要排除傲视和怠慢之心。

以上合起来是九条，考虑到第三条的"好乐"是爱好和以之为乐两个意思，我们可以总结为十条。

本段连用了五个"辟"字，这五个"辟"字内涵有所不同，有偏爱、歧视、盲从、偏袒、偏差，但这些不同特征也有一个共性，这个共性就是"偏""心不正"、情绪化，不能公正客观地判断人和事。

前面第一段讲，人处于愤怒、恐惧、爱好、喜欢、忧患的情绪之中，就难以公正客观。然后又总结，当人处于偏爱、歧视、盲从、偏袒、偏差的情感状态中，就不能做到公正客观。合起来就是十条，十条造成认知偏差的情感或情绪。《大学》如此细心地分析人的情绪与人的认知的关系，是极好的心理分析。

"故好而知其恶,恶而知其美者,天下鲜矣!"所以爱好某人某事,但也知道其不好的地方;厌恶某人某事,但也知道其美好的地方,天下人很少能做到。

公正客观,爱好其优点,明白其缺点;厌恶其缺陷,明白其优点。对好坏、善恶、美丑,有一种公正客观的判断能力,很少人能具有这样的能力,很少人能做到。所以孔子在《论语·里仁》里说:"唯仁者能好人,能恶人。"唯有仁者,能喜爱人,也能憎恶人。唯有仁者,具有对好坏、善恶、美丑的公正客观判断能力。现代认知心理学,有专门训练这种好坏相杂的思维的练习。例如让你总结一下自己或他人的三个优点和三个缺点。类似的方法能有效训练公正客观的思维能力。

"故谚有之曰:'人莫知其子之恶,莫知其苗之硕。'"所以有这样的谚语:"人们不知道自己家孩子的不好,不知道自己家禾苗的硕壮。"爱自己的孩子,所以看不到自己孩子的缺陷,看不到自己孩子不好的地方；贪求更多的粮食，看不到自己的庄稼已经非常茁壮。爱心与贪欲，会扭曲人的判断，使人不能公正客观，讲的还是人难以做到"心正"。

"此谓身不修不可以齐其家"，这就是为什么说身不修，不可以治理好家族。我们之前讲过，对贵族来说，齐家指的是宗族治理，大家族的治理。"齐"，就是使之整齐有秩序。治家就是治人，涉及的都是人际关系。身为家长，尤其是宗族之长，如果没有一颗公正客观之心，就很难团结家族成员。国家是由各大家族在治理的，治理不好家族，就等于治理不好国家。

本课的核心，就是"正心"。"正心"的核心，就是排除情绪干扰，管理好情绪，使自己能够公正客观地判断事务、处理事务。

现代心理学重视情感与认知的关系问题，重视情绪管理。《大学》在人类情绪管理思想史上，有开拓性的贡献。这种把情感和认知对立起来的观念，在人类思想史上普遍存在。人类历史上经典性的哲学或宗教作品，往往都持这种要把情感与认知分离的观念。

现代认知心理学发现情绪与认知有一定层面的统一性，认为特定的情绪是打开特定认知的通道，开始重视情绪对认知的促进性作用，重视情绪本身的内在价值，要求珍惜自己的情绪，认为情绪可以把人导向认知的深层面。

虽然现代认知心理学愈来愈重视情绪对认知的正面促进作用，帮助我们更深地理解情绪，尽量以理解情绪的心态去对待别人，但同时，我们不能走到听任情绪支配我们的另一个极端上。

《大学》所表达的，是重要的以目标为导向的领导学。以"止于至善"为根本目标，决策不能情绪化、不能任性，决策要超越各种情感影响，一定使决策建立在公正和客观的基础上。对情绪不再采取压制的态度，而要采取超越态度，认识情绪并超越情绪。在承认情绪和认识情绪的基础上，在"亲民 - 止于至善"的目标下，超越在情绪之上，坚持以客观公正作为决策的基础。《大学》提到的情绪管理，今天对我们形成正确判断和决策仍然非常重要。

第七讲

齐家

所谓治国必先齐其家者

家国一体、家国不分，这是中国人传统心理结构，很难超越，但又必须超越。

原文

所谓治国必先齐其家者，其家不可教而能教人者，无之。故君子不出家而成教于国：孝者，所以事君也；弟者，所以事长也；慈者，所以使众也。《康诰》曰："如保赤子。"心诚求之，虽不中不远矣。未有学养子而后嫁者也！一家仁，一国兴仁；一家让，一国兴让；一人贪戾，一国作乱。其机如此。此谓一言偾事，一人定国。尧、舜率天下以仁,而民从之;桀、纣率天下以暴,而民从之。其所令反其所好,而民不从。

是故君子有诸己,而后求诸人,无诸己,而后非诸人。所藏乎身不恕,而能喻诸人者,未之有也。故治国在齐其家。《诗》云:"桃之夭夭,其叶蓁蓁;之子于归,宜其家人。"宜其家人,而后可以教国人。《诗》云:"宜兄宜弟。"宜兄宜弟,而后可以教国人。《诗》云:"其仪不忒,正是四国。"其为父子兄弟足法,而后民法之也。此谓治国在齐其家。

译文

所谓治国必须先规范好自己的家庭,意思是,如果自己的家人没能好好教化,却能教化好国人,没有这样的事情。所以君子不出家门,就可以在家里实现国家教化。孝敬父母的心理,即是事奉君主的心理。顺从长兄的心理，即是事奉官长的心理。父母慈爱孩子的心理，即是支使众人的心理习惯。《康诰》上面说："如同保育婴儿那样。"只要心里真诚寻求，即使没有完全达到目标，也离目标不远了。没有先学会养孩子，之后才去嫁人的。一家人有仁爱，一国就兴起仁爱；一家讲礼让，一国就会兴起礼让；一人贪婪暴戾，一国之人就趋于叛逆作乱；这就是关键所在。这就是所谓的一句话可能坏事，一个人可以安定国家。尧、舜以仁义来率领天下人，民众就跟从仁义。桀、纣以残暴来引领天下人，民众也就跟着残暴。君主的命令与他自己真正的喜爱相矛盾，民众就不会听从。

所以君子自己先有德性，然后再去要求别人有德性；先让自己无恶行，然后再去指责众人的恶行。藏于自己身上的缺少同理心，而能够去晓喻他人的，从来没有过。所以，治国在于整治好家人。《诗经·周南·桃夭》上说："桃树新生啊，新叶茂盛。此女子出嫁了，使其家人安好。"使自己家人安好，然后才可以教化国人。《诗经·小雅·蓼萧》上说："使兄弟们安好。"能使兄弟们安好，然后才可以教化国人。《诗经·曹风·鸤鸠》上说："他严守礼仪没有差错，使四方之国归向正道。"他的行为能够被自己的父亲孩子兄弟所效法，然后民众才会去效法。这就是所谓治国在齐家的内容。

"所谓治国必先齐其家者，其家不可教而能教人者，无之"，所谓治国必须先规范好自己的家族，如果自己的家人没能教化好，却能教化好国人，没有这样的事情。

本句有两个要点，第一，教导的对象是"治国者"，且还不是一般的治国者，指的就是君主。这是教育君主治国的文章。其次，本章认为治理好家族是治理好国家的前提。

我们前面分析过，春秋时期是封建制度，各国由受封国君的后代贵族所把持，各大贵族家族共有共治共享国家。本章这些话，基本上是对着嫡长子、王位继承者讲的。设想一下，大哥当君主；二弟当司马，负责国家军事；叔叔当司徒，掌握民政事务；四弟当司寇，负责司法；同父异母的哥哥当司空，负责土地管理。如果家里人管不好，这个国家能管好吗？肯定管不好。

例如，鲁国的孟氏、叔孙氏、季氏被称为"三桓"，他们是鲁桓公后人形成的三大家族。鲁国的国君被这三大家族控制，谈不上对他们的管理。孔子时代，鲁国朝政主要由"三桓"之一的国卿季氏控制。

春秋时期，中国是宗法制的封建社会，国家政治是各大家族力量的平衡。如果家族内部关系处理不好，国家就难以管理。不能好好教化家族成员，家族关系处理不好，就谈不上教育其他人了。

"故君子不出家而成教于国"，所以君子不出家门，就可以在家实现国家教化。家与家族一体，国家不过是家族的放大，家族管理好了，国家也就管理好了。教化好家族，就等于在全国成就了教化。这种家国一体、公私一体的观念和做法，在春秋时期的贵族封建社会治理的特征。

"孝者，所以事君也；弟者，所以事长也；慈者，所以使众也"，孝敬父母的心理，即是事奉君主的心理；顺从长兄的心理，即是事奉官长的心理；父母慈爱孩子的心理，即是支使众人的心理习惯。

在家庭中孝敬父母，在社会中事奉君主；在家庭中顺从兄长，在社会中就顺从官长；在家庭中慈爱孩子，在社会中就能管理民众。民众尊重君主、顺从长官、听从朝廷的心理，要在家庭中养成。国家统治的基础，建立在家庭家族内部的秩序和文化之中。这种家事国事天下事事事打通的思维模式，明代顾宪成的名联充分概括了出来："风声雨声读书声，声声入耳；家事国事天下事，事事关心。"

这种观念来源于孔子，在曾子《孝经》中有清晰表达，上面这样记载孔子之言："君子之事亲孝，故忠可移于君；事兄悌，故顺可移于长；居家理，故治可移于官。"由家中之孝转移为对君主之忠，由家中之悌转入对官长之顺，由家中治理转入官场治理。这种把公德和私德混一，把家庭和国家合一，把家庭家族内部关系放大到国家社会关系的观念，支配了中国数千年。

"《康诰》曰：'如保赤子。'心诚求之，虽不中不远矣。"《康诰》上面说："如同保育婴儿那样。"只要心意真诚地寻求，即使没有完全达到目标，也离目标不远了。

《尚书·康诰》这样说："如保赤子，惟民其康乂。"如同保育婴儿那样对待百姓，希望百姓健康安全。指君主以保育婴儿之心对待百姓，只要真的有这种心，就算未能完全达到保育百姓的目标，也离目标不远了。

这种观点把君主和民众的关系视为父亲与婴儿的关系，这背后有深刻的等级差别。百姓若赤子，君主如父亲。现代社会不把政治领袖和民众的关系视为父亲和婴儿的关系，而是委托人和受托人的关系。是民众让渡出自己的部分权利委托政治领袖在公共领域代理行使自己的权利，是平等主体之间的委托与受托关系。

"未有学养子而后嫁者也！"没有先学会养孩子，之后才去嫁人的。逻辑关系是，年轻妈妈生下孩子，自然就会学会养育孩子。这是因为妈妈爱孩子，没有养育经验也会去学，自然能学会保障孩子的健康与安全。对孩子的爱心决定养育孩子的技能的生长，重在有一颗爱心。

建立在君主爱心基础上的国家治理，能健康运行吗？君主爱自己的孩子和自己的亲属，会与爱普通民众一致吗？如果不能一致，怎么办？君主面对所有臣民，能保有平等无差别的爱吗？

"一家仁，一国兴仁；一家让，一国兴让；一人贪戾，一国作乱。其机如此。"家有仁爱，一国就兴起仁爱；一家有礼让，一国就兴起礼让；一人贪婪暴戾，一国之人就趋于叛逆作乱。君主是关键所在。"机"，指关键、枢纽。这句话说的是上行下效。这里的家庭指的是君主的家庭，一个普通家庭、一个普通人，没有这么大的影响力。君主一家人有仁爱之心和礼让之心，一个国家就兴起仁爱和礼让。这里的一人，指的是君主一人。君主一人贪婪暴戾，一国之人就趋于叛逆作乱。强调君主是道德和国家秩序的行为主体，民众是道德和秩序的被动反应客体。民众的好坏，看君主的好坏；君主的好或坏，决定民众是好民众还是坏民众。这种不把民众视为道德主体的思想，延续至今。但这不是现代社会的观念，现代社会认为，人人都是道德和秩序的主体，社会的好坏，不是由君主一人的好坏来决定的。

"此谓一言偾事，一人定国"，这就是说，一句话就可能坏事，一个人就可以安定国家。"偾"，把事情搞坏。

大家看，国家的命运安危，悬于一人之心。从教育君主、提高君主自我责任意识来看，这句话有正面意义。但从社会结构来看，这首先是把大权赋予了君主，然后再希望君主是有德性的君主，希望君主用好的德性去支配决定国家命运、民众命运的权力。这就留下一个问题，君主缺德怎么办？去劝君主。劝谏还不听怎么办？《大学》的回答是清楚的：要么忍耐，要么造反。

"尧、舜率天下以仁，而民从之；桀、纣率天下以暴，而民从之"，尧、舜以仁爱来率领天下人，民众就跟从仁爱；桀、纣以残暴来引领天下人，而民众也就跟从残暴。跟从残暴，指民众暴力造反。也就是说，你以什么样的方式对待民众，民众就会以什么样的方式对待你。注意，《大学》认为民众造反的原因，是君主缺德残暴，这是认同民众反抗暴君的。《大学》并不把国家命运完全放在君主的德性上，也同样看重民众对暴君的反抗，而且是用民众反抗暴君来教育和威慑君主。

"其所令反其所好,而民不从",君主的命令与他自己真正的喜爱相矛盾,民众就不会听从。君主命令民众仁爱、礼让,自己却不仁爱、礼让;君主命令民众真诚,自己却不真诚;君主命令民众为国家牺牲,自己却不牺牲;这样的君主,没有人会真正信任和追随。这句话再次强调,民众并非只是君主德性的一个被动接受者,也会有主动的行动。

"是故君子有诸己,而后求诸人,无诸己,而后非诸人。"所以君子自己得先有德性,然后再去要求别人有德性。先让自己没有恶行,然后再去指责众人的恶行。要求别人的,自己要先做到;指责别人的,自己要先清除。

"所藏乎身不恕,而能喻诸人者,未之有也",藏于自己身上的缺少同理心,而能够去晓喻他人的,从来没有过。"恕",指设身处地为他人着想,将心比心,具有同理心。《论语·卫灵公》记载,子贡请教孔子:"有一言而可以终身行之乎?"孔子说:其恕乎!己所不欲,勿施于人。"这个"恕",就是推己及人、具有同理心的意思。"喻",指晓喻、教育。

"故治国在齐其家",意思是,所以治国就在齐家,先把家里事弄整齐规范了,这是治国的开始。当然,这指的不是我们今天小家庭的家,而是指君主贵族大家族。

"《诗》云:'桃之夭夭,其叶蓁蓁;之子于归,宜其家人。'宜其家人,而后可以教国人。"《诗经·周南·桃夭》上说:"桃树新生啊,新叶茂盛。此女子出嫁了,使其家人安好。"使自己的家人安好,然后才可以教育国人。"夭夭"指初生,"蓁蓁"指茂盛的样子。春天桃树长出了嫩绿的新叶,生机勃勃茂盛的样子,寓意女子青春美好。"于归",有正在进行婚嫁的意思。这句话的重点在"宜其家人",由宜家推到宜国,这是形容一位青春女子出嫁,能给家人带来安好幸福。《大学》

借这句话来形容"齐家"的重要性,要"宜其家人",使家人安好。

"《诗》云:'宜兄宜弟。'宜兄宜弟,而后可以教国人。"《诗经·小雅·蓼萧》上说:"使兄弟们安好。"能使兄弟们安好,然后才可以教育国人。

前面说到,春秋时期,国家是贵族家族在统治,嫡长子为君,弟弟们就是卿大夫等重臣。春秋时期的政治矛盾,往往是因为兄弟们争权夺利。比如卫国的卫武公就杀了自己的兄长而抢夺了君位。

《大学》特别强调家庭关系安好,与当时各国君主与卿大夫、卿大夫之间矛盾重重、争权夺利很有关系。他们往往都是一个家族的成员,具有血亲关系,但常常为权力斗争而相互冲突。春秋时期的政治冲突,主要发生在家族内部。孔子所在的鲁国的政治矛盾,就主要发生在同一大家族的鲁君和三大卿大夫家族之间。

"《诗》云:'其仪不忒,正是四国。'"《诗经·曹风·鸤鸠》上说:"他严守礼仪没有差错,使四方之国归向正道。"忒:偏差、差错。周朝是以礼治国的国家。这里讲的"仪",指的是礼制中的规矩。他严守礼制,按规矩办事;这样四方之国,也按规矩办事。所以这个他,应当指的是天子,而不是普通诸侯。

"其为父子兄弟足法,而后民法之也。此谓治国在齐其家。"他的行为能够被自己的父亲孩子兄弟所自动效法,然后民众才会去效法。这就是所谓治国在齐家的内容。这里讲的是君主以身作则,其行为要能够被人发自内心地效法。这对君主要求很高,要求君主必须是德性楷模。

本章讲齐家,内容主要讲同理心。你想别人怎么对待你,你自己首先就要怎么对待他人。君主位高权重,言行影响大,影响国家和社会的命运,更要以身作则。

请大家注意一点，本章行文有一个前提，把君主贵族们当成社会德性秩序之源，百姓是追随者和仿效者。在当时的君主贵族社会，确实如此。朝廷垄断教育，贵族有知识，庶民无知识，贵族是社会德性秩序的主导者，贵族的德性水准决定社会的德性水准。近现代社会，随着教育的普及和政治权利的平等化，民众逐渐开始成为德性秩序的行动主体，民众平均的德性水准逐渐演化成为国家德性秩序的基础。

第八讲

治国

所谓平天下在治其国者

原文

所谓平天下在治其国者：上老老而民兴孝，上长长而民兴弟，上恤孤而民不倍，是以君子有絜矩之道也。所恶于上，毋以使下；所恶于下，毋以事上；所恶于前，毋以先后；所恶于后，毋以从前；所恶于右，毋以交于左；所恶于左，毋以交于右。此之谓絜矩之道。《诗》云："乐只君子，民之父母。"民之所好好之，民之所恶恶之，此之谓民之父母。《诗》云："节彼南山，维石岩岩。赫赫师尹，民具尔瞻。"有国者不可以不慎，辟则为天下僇矣。

译文

所谓想平定天下得先治理好国家：君上孝敬老人，百姓就会兴起孝敬之风；君上尊重年长的，百姓就会兴起悌顺长兄之风；君上救恤孤儿，百姓就不会背弃孤儿，君子有行为准绳和矩尺之道。凡是上面的人让你厌恶的做法，就不要使用到下级身上。凡是下面的人让你厌恶的做法，就不要使用到上级身上。凡是前面的人让你厌恶的做法，就不要实行在后面的人身上。凡是后面的人让你厌恶的做法，就不要跟从用到前人身上。凡是右面的人让你厌恶的做法，就不要交办到左边的人身上。凡是左边的人让你厌恶的做法，就不要交办到右边的人身上。这可称为行为准绳和矩尺之道。《诗经·小雅·南山有台》上有诗句："这位快乐的君子，他是民众的父母。"民众所喜好的，就是他所喜好的；民众所厌恶的，就是他所厌恶的，这就是所谓民之父母。《诗经·小雅·节南山》中说:"那高峻的南山啊,石岩巍巍。权势显赫的太师尹氏啊,人民都看着你。"拥有国家政权的人不可以不谨慎,偏离正道,就会被天下人杀戮。

"所谓平天下在治其国者",所谓想平定天下得先治理好国家。"平天下"这个"平"字,在周代文献中往往有平定、安定、公平这三个方面的意思。一般注家,都解释为"平定",但"平定"有征伐的含义,与本章内容不符,解释为"安定"比较合适。"平天下"即"使天下安定"。

请注意,从这句话可以看出,当时的天下意识和国家意识,还是分开的。那时中国是多元邦国体系,天下比各个诸侯国大。要想安定天下,各国首先得使自己的国家安定。治理好自己的国家,就是对天下太平有贡献了。

"上老老而民兴孝",君上孝敬老人,百姓就会兴起孝敬老人的风气。"上"指君主、君上,第一个"老"字,"以之为老",孝敬老人;第二个老字指老人。这句话是指要想建立一个以孝治家、以孝治国的社会,君主自己要以身作则,自己要先孝敬老人。

"上长长而民兴弟",君上尊重年长的,百姓就会兴起悌顺长者的风气。第一个"长"指"以之为长",指尊重年长的;第二个"长"指年长之人。不能理解为"长兄",因为按礼制,嫡长子继承君位,君主不应是弟弟。

"上恤孤而民不倍",君上救恤孤儿,民众就不会背弃孤儿。"恤",通常解释为怜恤,但"怜恤"只是一种主观情感。"恤"还有救济之意,此处应译为救济。"倍"为违背、背弃。

"是以君子有絜矩之道也","絜",度量,指测量绳、准绳,"矩"指直角尺。君子有准绳和矩尺的准则。这句话是指君子以身作则,君子的言行就是其他人的准则，就是其他人衡量自己德性的准绳和矩尺。

君子是他人的德性絜矩，是他人的德性准则。这样的德性准则，前面讲了三条，孝敬老人、尊重年长者、救济孤儿，可简化为孝老、悌长和恤孤。老人和孤儿，都是社会中的弱势群体。什么是治国？内容之一是善待弱势群体。君主，要成为善待弱势群体的德性楷模。

"所恶于上，毋以使下"，凡是上面的人让我厌恶的做法，我就不使用在下级身上。上与下，放在现在，指的是领导与下属。将心比心，自己不愿意上级如何对待自己，就不要这样对待下级。例如上级不公正、不守信，你厌恶，你就不要这样对待属下。

"所恶于下，毋以事上"，凡是下面的人让我厌恶的做法，我就不使用到上级身上。将心比心，自己不愿意下级如何做，就不要这样对待上级。例如下级不忠诚、不老实，你厌恶，你就不要对上级这样。

"所恶于前，毋以先后"，凡是前面的人让我厌恶的做法，就不要先行在后面的人身上。前与后，讲的是顺序关系。将心比心，自己不愿意前面的人如何做，就不要这样对待后面的人。例如前面的人极度自私，你厌恶，你就不要对后面的人这样。

"所恶于后，毋以从前"，凡是后面的人让我厌恶的做法，就不要跟从用到前人身上。将心比心，自己不愿意后面的人如何做，就不要这样对待前面的人。例如后面的人贪赃枉法，你厌恶，你就不要对前面的人这样。

"所恶于右，毋以交于左"，凡是右面的人让我厌恶的做法，就不要交办到左边的人身上。将心比心，自己不愿意右边的人如何做，就不要这样对待左边的人。左与右，讲的是平辈之间的关系。右面的人态度恶劣，你很厌恶，你就不要对左边的人这样。

"所恶于左，毋以交于右"，凡是左边的人让我厌恶的做法，就不要移交到右边的人身上。将心比心，自己不愿意左边的人如何做，就不要这样对待右边的人。例如左边的人喜欢撒谎,你厌恶,你就不要对右边的人这样。

"此之谓絜矩之道",这就可称为准绳和矩尺之道,可称为行为规范之道。本章所说的絜矩之道,其实就是同理心之道,就是将心比心、推己及人之道,就是孔夫子强调的"己所不欲,勿施于人"。

前面讲了三条,孝敬老人、尊重年长者、救济孤儿。你不希望自己老了无人尊敬,无人照顾,你自己要先孝敬老人。你自己不希望被年轻人不尊重,你自己要尊重长者。你不希望如同孤儿一样被人离弃,你自己不要离弃孤儿。

"《诗》云:'乐只君子,民之父母。'"这是《诗经·小雅·南山有台》上的诗句,上面说:"这位快乐的君子,他是民众的父母。"指这位君子待人有欢乐爱心,如同民众的父母。

"民之所好好之,民之所恶恶之,此之谓民之父母"，民众所喜好的，就是他所喜好的；民众所厌恶的，就是他所厌恶的，这就是所谓民之父母。这句话很重要，指所谓民之父母，就是指内心的喜欢与厌恶与民众一样，此心同彼心，能顺应民心，按民意执政。老子《道德经》四十九章有同样思想："圣人恒无心，以百姓之心为心。"圣人没有自己固定的心愿，他以百姓的心愿为自己的心愿。百姓不愿意的，就是朝廷不做的；百姓愿意的，就是朝廷要做的。以民心为基础，以民意为导向。

以民意执政，这是民主吗？方向上有民主的因素，但体制上不算民主，因为没有对"民之所好"与"民之所恶"设定一个民众自己的表达机制。民众之喜好，如何表达出来？民众所厌恶的，如何进行衡量？国家政策，如何按照民心来制定？

民主是一种公共制度，是用投票的形式，以少数服从多数的多数决定，制度化地来表达和实施民众的好恶。从民主政治的实践来看，人民其实是分成不同阶层和不同派系的，不同的民众喜好和厌恶的东西并不一致。倡导"以百姓之心为心"，倡导"民之所好好之，民之所恶恶之"，如何去实施？如何去辨明民意？如何在想法不同的民众中做决策取舍？这些涉及体制和技术问题，《大学》没有进入到制度和技术层面思考。我们只能说，《大学》的民心政治梦想很好，但还没有落实到制度和管理技术上。

《尚书·泰誓》记载，大约在公元前1048年，周武王在孟津与诸侯会师，说出"天视自我民视，天听自我民听"的誓言，民心从此就成了中国政治思想史上被神圣化的政治概念。天命通过民心表现，天意与民心统一，君主－朝廷必须以民心作为执政基础。但是，民心以什么样的制度形式来呈现和衡量？

《吕氏春秋》中记载："尧有欲谏之鼓，舜有诽谤之木，汤有司过之士，武王有戒慎之鼗。"尧为想提谏言的人设立了鼓，舜为想批评的人设立了木牌，商汤设立了负责纠正过错的官员，周武王为提出警戒和要求谨慎的人设立了鼗鼓（拨浪鼓）。这都是传说中古代明君在和平时期设立的广开言路的做法。商汤时期的"司过之士"，就是后来称为谏官的官员，主要任务就是直言劝谏，框正君主过失。这种谏官，秦朝时称谏议大夫，西汉时称御史大夫。以后谏官地位有起有伏，唐朝宋朝时谏官地位较高，但明清时有所下降。君主制度下的民心传达，是通过谏官制度来实现的，而谏官由君主任免，属于君主的自我监督。这样的民心表达方式，没有民主制度下选民选票的表达方式更能真实表达民意。

从王朝更替政权易手上看，似乎战争的胜利，成了得民心的标志。王朝的替换，决定于战场的胜败。把民心与战争胜利统一在一起的观念，成了中国政治思想史上具有支配性的观念。这种观念，到今天还在支配现实人心。这与现代民主政治不同，民主政治把暴力之争变成了选票之争,把暴力战争政治转变为和平竞争政治。

"《诗》云:'节彼南山,维石岩岩。赫赫师尹,民具尔瞻。'"这首诗是为嘲讽师尹而作。太师尹氏权势显赫,百姓都看着你,言行不可不谨慎。"节",指高大。"岩岩",形容石岩挺拔。"师尹",指太师尹。"赫赫",指权势显赫。"具",全部。"瞻",观看。这是《诗经·小雅·节南山》中的诗句,诗歌是对师尹的抱怨和指责,认为师尹权势显赫,却没有尽到治国的责任,结果让国家丧乱。

关于这位师尹是谁,学界有些讨论,主流看法认为是周幽王(公元前782年-前771年在位)时期的太师尹。周幽王宠幸褒姒,废黜王后申后,立褒姒为后。废黜申后所生嫡长子太子宜臼,立褒姒所生儿子伯服。太师尹没有劝诫和阻止周幽王废王后和废太子。周幽王废长立幼惹出大祸。申侯为女儿申后报仇,为保外孙宜臼王位，引入犬戎杀了周幽王，西周灭亡。晋国、郑国、卫国、秦国等诸侯国站在了申侯一边，拥立太子姬宜臼，东迁洛邑，建立东周王朝。

本章引用了《诗经》中讲述西周灭亡这段历史，引出了下面的结论："有国者不可以不慎，辟则为天下僇矣。"意思是，拥有国家政权的人不可以不谨慎，偏离正道，就会被天下人杀戮。

西周时期是贵族政治，政治矛盾主要发生在君主与贵族之间。例如西周灭亡，就是因为周幽王废王后、废长子而引发与申侯的矛盾，是申侯的复仇毁了西周。

《史记》记载："春秋之中，弑君三十六，亡国五十二。"东周王朝春秋时期，有三十六位君主被杀，五十二个国家灭亡。

《大学》相传是曾子作品，曾子是春秋后期的人。春秋时候的中国社会，是各国贵族宗族控制的社会，没有陈胜、吴广这样的大规模平民造反事件。所以，这里所讲的"为天下僇矣",被天下人杀戮,指的是贵族对君主的反叛。天下人指的是天下贵族、国人。"有国者不可以不慎,辟则为天下僇矣",并非仅仅为了恐吓君主,而是历史事实的总结。无道之君,伤害民众,会让自己走向死路。

"民之所好好之,民之所恶恶之,此之谓民之父母",指治国要顺应民众好恶。按此逻辑,民心民意是国家基础。民主制度下,以民众的选票来呈现民心,以民众选票数量来衡量民意。传统君主制度下,民意如何呈现?如何衡量?其制度安排和设计,往往最后都诉诸暴力反抗。

"有国者不可以不慎,辟则为天下僇矣",《大学》用天下人造反和杀戮君主来恐吓君主,不顺应民意之君主及帮凶,当为天下人所杀戮。这里有一个前提,认为天下人造反和杀君主，是因为君主不敬上天、不顺民意。第六课中还有"桀、纣率天下以暴，而民从之"的句子，说天下人反桀反纣，覆灭夏周，是以桀、纣的残暴之道来对付桀纣。《大学》将造反的合法性放在造反者身上，将造反的原因归在君主身上，这是先秦儒家的思想传统。

本章将治理好国家，立基于君主的德性之上，要求君主孝敬父母以推进孝道，尊重长者以推进悌道，救恤孤儿以推进恤道。这是形成于西周的以德治国的思想。本章没有提到国家制度层面，没有提到用什么样的制度形式来保证君主以孝治国、以悌治国、以恤治国。治国者的德性与国家的制度，是国家治理的两个方面，两者必须统一，一定的德性是与一定的制度相配合的，反之亦然。制度与德性，是社会运行的两个轮子，缺一不可。

第九讲

得众

道得众则得国,失众则失国

"得众",慎重对待德性,才能得到众人拥戴。

原文

《诗》云:"殷之未丧师,克配上帝。仪监于殷,峻命不易。"道得众则得国,失众则失国。是故君子先慎乎德。有德此有人,有人此有土,有土此有财,有财此有用。德者本也,财者末也,外本内末,争民施夺。是故财聚则民散,财散则民聚。是故言悖而出者,亦悖而入;货悖而入者,亦悖而出。《康诰》曰:"惟命不于常!"道善则得之,不善则失之矣。《楚书》曰:"楚国无以为宝,惟善以为宝。"舅犯曰:"亡人无以为宝,仁亲以为宝。"

译文

《诗经·大雅·文王》说:"殷商王朝在商纣王丧失众人支持前,是能够配得上上帝的要求的。行为规仪上要以殷商为鉴,守住伟大天命不容易。"治国之道能得到众人拥护,就可以得到国家;治国之道失去众人拥护,则失去国家。所以君子要首先慎重对待自己的德性。有德性才有人拥护,有人拥护才能占有土地,有土地才有财富,有财富才有资源可用。德性是根本,财富是末节。把德这个根本推到外面去,把财富这个末节放进内心,相争的民众就会围绕着财富实施抢夺。你聚敛财富,民众就离你散去;你散出财富给民众,民众就聚合在你这儿。说出悖逆道理的话,就会被悖逆道理的话回应；悖逆道理地聚敛财货的，也会被悖逆道理地夺走财货。《尚书·周书·康诰》上说："天命不会永不改变！"以善为治国之道，就得到天命；以不善为治国之道，就失去天命。《楚书》上说："楚国不以其他的东西为宝，只以善人为国家之宝。"舅犯说："流亡在外的人，没有什么宝贝，只能以仁爱亲人为宝。"

"《诗》云：'殷之未丧师，克配上帝。仪监于殷，峻命不易。'"这句诗出自《诗经·大雅·文王》，可以这样翻译：殷商王朝在商纣王丧失众人支持前，是能够配得上上帝的要求的。行为规矩上要以殷商为鉴，守住伟大天命不容易。

"殷之未丧师"，"殷"指商王朝，"师"，南宋朱熹注为"师，众也"。"丧师"，指丧失众人，失去众人支持。把"师"字解释为"众人"，有先秦文献支持。如

《周易·师·象传》中说:"师,众也,贞,正也。能以众正,可以王矣。""师"指聚众。"贞"指公正。能以众人征伐,可以为王。

我在研究"殷之未丧师"中"师"字的意思时,除了主流解释为"众人"外,我还发现另一种可能的解释。周武王征伐商纣王,有一个重要事件。《史记·周本纪》记载,大约在公元前1048年,周武王起兵,在孟津与诸侯会盟。诸侯们都说,可以去讨伐商纣王了,但周武王说:"女未知天命,未可也。"你们不懂天命,还不行。又过了两年,到公元前1046年,商纣王愈加昏乱残暴,杀了叔叔比干,囚禁了叔叔箕子。商朝的太师、少师抱着祭祀乐器逃到周国。周武王马上遍告各诸侯,说:"殷有重罪,不可以不毕伐。"殷王有重罪,不可以不共同讨伐。

所以,有一种可能,"殷之未丧师"中的"丧师",指的就是太师、少师等为代表的商朝神职人员弃商投周，这说明天命归周。太师和少师带着祭器逃奔周国，说明天命由商归周，周武王有了起兵的宗教合法性理由，这是周武王马上起兵的原因。

从商朝、周朝充满神学政治的氛围来看，了解"殷之未丧师"解释的另一种可能性，有助于我们更好理解历史事件及背后的宗教—政治传统。

还有一种解释，就是把"师"解释为军队。"殷之未丧师"就可以解释为"商朝军队没有丧失前，仍能符合上帝的要求"。这样解释就成了以成败论天意。失败，是天罚的征兆；胜利，是天命选择的标志。战国以后的中国人，可能习惯以胜败去论合法性的解释，但对强调"敬天保民"的周人来说，似乎不会这样只讲暴力优势。

关于"殷之未丧师"，我介绍了三种解释，一种是指失去众人拥护，第二种是指失去太师、少师等神职人员的拥护，第三种指战场上丧失军队。你也可以自己思考，寻求答案。

"克配上帝","克"指能够,"配"指匹配、配合、符合。"克配上帝"指能够符合上帝的要求。

"仪监于殷","仪"指行为规范,规仪;"监"指"鉴",以之为鉴;"仪监于殷"指行为规范上以殷商为鉴,吸取殷商的灭国教训,行为上做到"克配上帝",符合上帝的要求。

"峻命不易","峻"指高大、伟大,"峻命"指大命、天命、国家政权,"不易"指保有天命、守住国家政权不容易。

我们总结一下这首诗的思想。《诗》云:"殷之未丧师,克配上帝。仪监于殷,峻命不易。"在周朝君权天授、王权命运由上帝决定的观念中,商人建立商王朝,是以德配天,是上帝选择和护佑的结果。商纣王失德,从而失去天命,上帝将天命转移到有德的周人上,所以商王朝就被周王朝取代。德性能够符合上帝要求,就能拥有天下;德性不符合上帝要求,就会失去天下。这就是《尚书》中所说的："皇天无亲，惟德是辅。"皇天不偏爱谁，只辅助有德之人。

"道得众则得国，失众则失国"，治国之道能得到众人拥护，就可以得到国家；治国之道失去众人拥护，则失去国家。春秋时期，这个"众"，指的是贵族和国人。

"是故君子先慎乎德。有德此有人，有人此有土，有土此有财，有财此有用。"所以君子要首先慎重对待自己的德性。有德性才有人拥护，有人拥护才能占有土地，有土地才有财富，有财富才有资源可用。这个因果关系的推论很质朴，治理国家，首先要得到民众的拥护；要想得到民众拥护，你的德性就得好，你就必须有德。

治理国家，关键在得人心。做事总要靠人去做，得到人心，就等于得到了土地和财富。所以得人心是本，要得人心，德性是本。说到底，"德"为本，要以德治国。从后面看，这个"德"的内容不抽象，"德"的内容就是要分财让利于人，而不是聚财盘剥他人。

不同的职业，取向是不一样的。如果你是科学家，重点在发现自然规律，要的是自由思想、独立思考，生命中心就不是什么得人不得人的问题。如果你是宗教家，你关注的是与超自然本源力量的交通，是得到神的应允的问题，不是什么得人不得人的问题。如果你是艺术家，要的是艺术灵感，更深层地洞悉自然或人性深层的脉动，你的生命中心也不是什么得人不得人的问题。《大学》培育的对象不是科学家，不是宗教家，不是艺术家，而是贵族统治者，是世袭的政治家。政治力量的来源，就是得到众人的拥护，政治算的是拥戴者的人数和力量。正如我们引用过的《周易·师·象传》中说："能以众正，可以王矣。"能以众人去征伐，就可以成王了。

《大学》这几句话，讲的是传统政治职业的核心，有了人，就可以打天下坐天下。打了天下坐了天下，就可以有土地、有人民、有税收、有资源，自然就有财了，所以重在得人，重在凝聚人的力量。

当然，不仅仅是政治职业如此，凡要依赖众人的力量去做事的职业，都如此。做企业，靠的是聚集人才，用人的才华来发展。要想聚集人才，就得赋权让利给人才。所有组织管理的根本，就是善用人力，尤其是善用人才的才华。

"德者本也，财者末也，外本内末，争民施夺。"德性是根本，财富是末节；把德这个根本推到外面去，把财富这个末节放进内心，相争的民众就会围绕着财富实施抢夺。这句话是指君主忽略根本而重视末节，民众就会围绕着财富展开抢夺。这样的抢夺之风，最终会吹到君主这儿来，造成国家冲突和动荡。一旦失去国家，就失去一切财富了。

"是故财聚则民散，财散则民聚"，你聚敛财富，民众就离你散去；你散出财富给民众，民众就聚合在你这儿。这句话在春秋战国时期，是实实在在的。那时是封建制度，多元邦国体系，哪个国家赋税繁重、民生艰苦，民众就用脚投票，逃向政策条件好的邦国。

正如《诗经·硕鼠》中所说的："硕鼠硕鼠，无食我麦。三岁贯女，莫我肯德。逝将去女，适彼乐国。乐国乐国，爰得我直。"大老鼠啊大老鼠，不要吃我的麦子。服务了你三年，你对我没有任何感谢。我发誓要离开你，去那快乐的邦国。快乐的邦国啊，才是值得我去的地方。

多个邦国之间竞争，劳动力有选择国家的自由的时候，各国统治者都不敢过于任性压迫民众。企业的市场竞争，是产品服务质量提高的前提；国家的自由竞争，有助于法律政策服务质量的提高。

"是故财聚则民散，财散则民聚"，这是周制春秋话语，是战国话语，不是秦制话语。到秦王朝统一中国，天下一统，民众就没有在封建诸侯国之间自由选择的空间，就没有了能够自主聚散的权利。秦制大一统之下，如果遇上贪婪盘剥民众财富的朝廷，民众也无处可散。君主集权下的秦制朝廷，对比封建制下的周制朝廷，对民众必然更为任性、残暴和贪婪。

现在看全世界，之所以有移民问题，就是因为国家之间的条件不一样，人们从差的地方移向好的地方。市场经济中的企业竞争，肯定符合"是故财聚则民散，财散则民聚"的道理。过分剥夺员工的企业，会失去员工；过分剥夺消费者的企业，会失去消费者。繁荣来自竞争，这是真理。

"是故言悖而出者，亦悖而入；货悖而入者，亦悖而出"，说出悖逆道理的话，就会被悖逆道理的话回报；悖逆道理地聚敛财货的，也会被悖逆道理地夺走财货。天道公平，如何出就如何进，一报必还一报。你要想别人不压迫你，你也不要压迫别人。你想别人不虐待你，你就不要虐待别人。此句讲的，仍然是孔夫子强调的"己所不欲，勿施于人"（《论语·颜渊》）的道理。

"《康诰》曰：'惟命不于常！'道善则得之，不善则失之矣。"《尚书·周书·康诰》上说："天命不会永不改变！"以善为治国之道，就得到天命；以不善为治国之道，就失去天命。"惟命不于常"，"常"指恒常、不变。周王朝替代商王朝，这种王朝更替给周人带来观念上的冲突，认为天命并非固定不变，天命会转移。转移是有方向的，就是从缺德的王朝转到有德的王朝，所以周王朝主流的政治神学强调要极度小心，以德治国，以德配天。

"《楚书》曰：'楚国无以为宝，惟善以为宝。'"《楚书》上说："楚国不以其他的东西为宝，而以善人为国家之宝。"这里面提到的《楚书》，应当是楚国的史书，但这史书已散失。

《国语·楚语》记载楚国大臣王孙圉类似的话。赵简子问起楚国的一件宝物，一种称为珩的玉器，王孙圉回答说楚国以贤明之臣为宝物，不以玉器为宝物。此处的"善"，译为善人、贤人为妥。

"舅犯曰：'亡人无以为宝，仁亲以为宝。'"舅犯说："流亡在外的人，没有什么宝贝，只能以仁人亲人为宝贝。"

舅犯（约公元前715年—前629年），又叫狐偃，是晋国公子重耳的母舅，追随重耳流亡国外十九年。后来重耳返回晋国为君主，是为晋文公（公元前636年—前628年在位），舅犯成为重臣。"亡人"，流亡在外的人，这里指公子重耳。

本课核心，认为得人心、得人拥护、得众，这是治国执政的要点。怎么才能得众？要有德性，要慎德。慎德不是虚的东西，慎德落实到行为上就是散财而不聚财，"是故财聚则民散，财散则民聚"。民散和民聚的问题,并非只是指抽象的人心聚散问题,也是指民众用脚投票的问题。春秋战国时期,中国是多国体系,民众有国家的选择权,这是周制封建多国时代的话语,不是秦统一中国以后的秦制话语。

第十讲

举贤

唯仁人为能爱人,能恶人

这一讲的主题是"举贤",举用贤才、任用贤才的问题。

原文

《秦誓》曰:"若有一介臣,断断兮无他技,其心休休焉,其如有容焉。人之有技,若己有之;人之彦圣,其心好之,不啻若自其口出。实能容之,以能保我子孙,黎民尚亦有利哉!人之有技,媢嫉以恶之;人之彦圣,而违之俾不通。实不能容。以不能保我子孙,黎民亦曰殆哉!"唯仁人放流之,迸诸四夷,不与同中国,此谓唯仁人为能爱人,能恶人。见贤而不能举,举而不能先,命也;见不善而不能退,退而不能远,过也。好人之所恶,恶人之所好,是谓拂人之性,灾必逮夫身。是故君子有大道,必忠信以得之,骄泰以失之。

译文

《尚书·秦誓》说:如果有一个臣子,看起来没有什么技能,但他的心使人温暖暖,心态和善能包容他人。别人有技能,就如同自己有技能。看到别人有才学智慧,心里就喜好,简直就像是出自自己的口中。确实能够包容人,这样才能保全我们的子孙,黎民百姓也同样从中获利。看到别人有技能,嫉妒他、厌恶他。人有才学智慧,阻碍他,使他不能上通于君主。确实不能容人!这样就不能保卫我们的子孙,黎民百姓也说危险。只能靠仁者来流放他们,把他们驱逐到四周蛮夷之地,不与他们同在一个中国。这就是说，只有仁者能喜欢好人，也能厌恨坏人。看到贤才而不能举用，举用但不能放到自己前面去，这就是自命不凡。看见不善的人不能辞退他，辞退他不能疏远他，这是过失。喜欢人所厌恶的，厌恶人所喜好的，这样违反人性，灾祸必追到你身上。所以君子有大道要遵循，必以忠信得君子大道，以骄傲自满之心则会丧失君子大道。

这里是引用《尚书·秦誓》中秦穆公的话来表达如何任用贤才的问题。我们先来看秦穆公这段话的历史背景。

如果从公元前771年秦襄公被周平王封为诸侯开始，秦穆公算秦国第九位君主。秦穆公在位时间是公元前659至公元前621年。秦穆公是秦国历史上一位雄才大略的君主，他有过重大决策失误，但也能坦诚承认失误,吸取教训,从跌倒的地方再爬起来,再次成功。本课中的《秦誓》,与秦穆公如何面对重大决策失误有关。

公元前627年,秦穆公不顾大臣百里奚、蹇叔的劝阻,派大军越过周国去袭击郑国。秦军走到滑国,还没到郑国的时候,郑国做牛买卖的商人弦高为救郑国,假装以郑国国君使者的名义,向秦军献上十二头牛犒劳军队。秦军以为郑国已有准备,决定不再去进攻郑国。但秦军犯下一个大错误,撤退时顺便把滑国给灭了。滑国是小国,但滑国是晋国的附属国,这就惹怒了晋国刚登基的新君主晋襄公,他觉得秦国对他很无礼,决定报复。晋国在秦军回国的必经之路崤山埋伏重兵,在"崤之战"中打败了秦军,活捉了秦军三位统帅。

晋襄公的母亲是秦穆公的女儿,她劝晋襄公把俘虏的秦军三位统帅放回了秦国。这种情况下,秦穆公如何对待这三位被放回秦国的败军之将?如何处理这三位败军之帅,涉及秦穆公的人才战略问题。

秦穆公是秦国第一位极度重视任用外来人才的国君，秦国贤相百里奚及秦国贤明大夫蹇叔都不是秦国人。秦国本国贵族对这种外人来当政的情况很不满。这次秦晋"崤之战"中被晋国俘虏又放回秦国的三位统帅中，孟明视是宰相百里奚的儿子，西乞术和白乙丙是贤大夫蹇叔的儿子。如果军法处死三位败军之帅，意味着要同时连带宰相百里奚和贤明大夫蹇叔，这意味着秦穆公任用外来人才的战略全面失败，秦国在人才使用上趋向封闭，只任用秦国贵族，这对秦国国运会产生深重影响。

秦穆公不愿秦国在人才使用上走向封闭，他采取的办法就是，一切责任由他自己来承担。秦穆公身穿白色衣服，以示罪过，亲自到郊外迎接三位败军之帅，哭着对他们说："我没有听百里奚、蹇叔的劝阻，让你们受了屈辱，你们有什么罪吗？"仍然将他们官复原职。秦穆公这样的做法，前提是他能压住秦国贵族们的不满，很不容易。

"崤之战"兵败两年后,公元前625年,孟明视、西乞术和白乙丙三位统帅率军进攻晋国,史称"彭衙之战"。但秦军在"彭衙之战"再次被晋国打败,秦穆公仍然留用孟明视这三位统帅。两次战败仍然被重用,秦穆公这样的用人之道,确实很少见。

公元前624年夏天,秦穆公率领孟明视等人再次攻打晋国,史称"王官之战"。孟明视率秦军渡过黄河后就烧了战船,"渡河焚船",秦军大胜,横扫晋国,晋国军队只敢集中守住大城,不敢出城应战。秦国终于报仇雪恨,从"崤之战""彭衙之战"两次战败的阴影中走了出来。

秦穆公与孟明视等率领大军到了崤山,掩埋了"崤之战"中秦军阵亡将士的尸骨,孟明视等跪在阵亡将士坟前痛哭,秦穆公亲自祭祀阵亡将士三天。秦穆公顶住压力坚持重用外来人才,最终取得了重大胜利,一雪耻辱，建立了秦国重用外来人才的传统。

秦穆公这篇《秦誓》的誓词，是秦穆公在崤山祭祀阵亡将士时的讲话。从讲话的内容来看，强调治国之道要充分任用贤才。显然，这是讲给秦国的贵族们听的。秦军"王官之战"的大胜利，证明了秦穆公坚持任用外国人才的国家战略的正确性。

秦穆公开启的重用外国人才的传统，是后来秦国统一天下的重要原因。后来商鞅和李斯这些重要人物，都是秦国引进的外来人才。当然，外来人才与秦国贵族们的矛盾，也一直存在。商鞅被秦国贵族所杀。秦始皇时期的李斯，也曾因为秦国贵族排斥外来人才而写了著名的《谏逐客书》。

有了秦穆公重用外来人才而使秦国强大的历史背景，我们来读本章，就比较容易理解了。

"《秦誓》曰：'若有一介臣，断断兮无他技。其心休休焉，其如有容焉。'"如果有一个正直的大臣，看起来没有什么特别技能，但他的心使人温暖，心态和善有能包容他人的样子。"断断"，形容没有特别专长的样子，并不精明的样子。"休休"，温和热情的样子。"有容"，有容量，能包容人、团结人。

"人之有技，若己有之"，别人有技能，就如同自己有技能。

"人之彦圣，其心好之，不啻若自其口出"，看到别人有才学智慧，心里就喜好，简直就像是出自自己的口中一样。人有才学智慧，说出来，就如同是从自己口里说出来一样，这是对人才的喜爱。"不啻"，指不异于、没有什么不同。

"实能容之，以能保我子孙，黎民尚亦有利哉！"确实能够包容人，这样才能保卫我们子孙，黎民百姓也仍然能从中获利。这几句讲的就是，欣赏人的才华，包容人的错误，这是善用人才的前提。有人才才能保卫子孙，才能造福百姓。

"人之有技，媢嫉以恶之；人之彦圣，而违之俾不通"，看到别人有技能，嫉妒厌恶他；人有才学智慧，阻碍他，使他不能通达于上面的君主。"媢"，嫉妒。"违"，阻碍。

"实不能容，以不能保我子孙，黎民亦曰殆哉！"真是不能容人！这样就不能保卫子孙，黎民百姓也会危险。

秦穆公把能否欣赏和任用人才，提升在保卫子孙和黎民百姓的高度上来看。这与春秋各国竞争的环境有关，人才的流向，会影响国家的兴衰。

"唯仁人放流之，迸诸四夷，不与同中国，此谓唯仁人为能爱人，能恶人"，只能靠仁人来流放他们，把他们驱逐到四周蛮夷地区去，不与他们同在一个中国；这可称为唯有仁者能爱人，也能恨人。这句话不再是《秦誓》中秦穆公的话，而是《大学》作者的话。《大学》高度认同秦穆公重用外人的战略，认为能任用贤才,是仁者的行为。因为国家有人才,才能保护贵族子孙,才能保卫黎民百姓。《论语·里仁》篇里,孔子也曾说:"唯仁者能好人,能恶人。"

"见贤而不能举,举而不能先,命也",看到贤才而不能举用,举用但不能放到自己前面去,这就是自命不凡。"命",东汉郑玄以为是错写了"慢",怠慢的意思。其实不应理解为写错,"命"就是自以为是,自命不凡的意思。因为自以为是,才"见贤而不能举,举而不能先"。

"见不善而不能退,退而不能远,过也",看见不善的人不能辞退他,辞退他不能疏远他,这是过失。领导工作,核心就是用人才,能者上,不能者下。做不到这样,就做不好领导。

从这里看,《大学》善恶分明,是非清晰,原则性很强,不和稀泥。

"好人之所恶,恶人之所好,是谓拂人之性,灾必逮夫身"，喜欢人所厌恶的，厌恶人所喜好的，这是违反人性，灾祸必追到你身上。"逮"，赶上、追上。多数人都喜好尊敬人才，希望人才在位；多数人都厌恶那些无能的人，厌恶无能者居高位。这是人性的自然表现。如果违背这种人性需求，把贤明的人排斥开，任用无能的人，这就会带来灾难。

好的国家制度、好的企业制度、好的社会组织制度，都必须有一个能者上弱者下、优者进劣者退的任免机制，没有这样的奖勤罚懒、奖功罚过的制度，国家会衰退，企业会破产，社会组织会失败。

"是故君子有大道，必忠信以得之，骄泰以失之"，所以君子有大道要遵循，有大原则要奉行；必然是忠信之心才能得到君子之道，骄傲自满之心会丧失君子之道。"忠信"，指忠于国家、信守职位。一个人以国家利益为重，忠于国家利益，以职位责任为重，守信职业道德，就知道人才是国家的财富，要善于发现和任用人才。排斥人才的，一定是出于自己的私利，怕人才超过自己。排斥人才，其实就是对国家不忠，不信守职位。一个人惟有忠于国家，信守职务，一切为了国家和百姓，把个人私欲放一边，才是一个君子。"骄泰以失之"，骄傲自满，就会排斥人才，不包容人才，这样就会失去君子之道，失去光明之道。

本章讲的是热爱人才、善用人才、包容人才的治国道理。这有一个历史背景。周朝时代是封建贵族宗法制社会，血亲裙带关系至上，这对任用外来人才形成了很大阻碍。周代治国，任人唯亲还是任人唯贤，一直是一对矛盾。

理论上各国要平衡任人唯亲和任人唯贤的矛盾，提出的概念叫做"亲亲贤贤"。"亲亲"，指任人唯亲。"贤贤"，指任人唯贤。"亲亲贤贤"，就是把任用亲人和举用贤才结合起来。有"亲亲",任人唯亲,亲人掌握核心权位,这样可靠。有"贤贤",任人唯贤,把社会上能干的人召入朝廷,这样有能干的人去干事。

儒家师生们,都不属于上层贵族阶层,因此儒家重视的就是"贤贤",强调不能任人唯亲,要任人唯贤。本章开放使用人才的思想很重要。做小事,靠自己的努力,靠自己的才华;做大事,得靠群策群力,靠人才的努力,靠人才的才华。

第十一讲

不聚敛

与其有聚敛之臣,宁有盗臣

这一讲，讲的是朝廷与民众之间的财富分配问题，核心是"不聚敛"。

原文

生财有大道。生之者众，食之者寡，为之者疾，用之者舒，则财恒足矣。仁者以财发身，不仁者以身发财。未有上好仁而下不好义者也，未有好义其事不终者也，未有府库财非其财者也。孟献子曰："畜马乘，不察于鸡豚；伐冰之家，不畜牛羊；百乘之家，不畜聚敛之臣。与其有聚敛之臣，宁有盗臣。"此谓国不以利为利，以义为利也。长国家而务财用者，必自小人矣。彼为善之，小人之使为国家，灾害并至。虽有善者，亦无如之何矣！此谓国不以利为利，以义为利也。

译文

　　生产财富，有大道理。生产财富的人多，消耗财富的人少，工作的人勤快，消费的人舒缓，财富就总是充足。仁者，以财富去使生命发达；不仁者，以自己的生命去谋取财富。没有君上好仁而下面的人不好义的，没有好义的人的事业不得最终成就的，没有不把国库的财富当成自己的财富的。鲁国大夫孟献子说："有资格乘坐四马一车的大夫之家，不会计较养鸡与养猪的利益。有资格在丧葬中使用冰的卿大夫之家，不靠畜养牛羊牟利。拥有百辆兵车的公卿之家，不养聚敛财货的家臣。

与其有搜刮百姓的聚敛之臣，宁可有盗取国库的贪污之臣。"国家治理，不能以财利为利益，而要以道义为利益。执掌着国家权力，而致力于聚敛私财，必定是出自小人。赞许小人的行为，使用小人来治理国家，各种灾害会一并到来。到时即使有善人出来，也无可奈何了。这就是所谓治国，不以个人私利为利益，而以道义为利益。

"生财有大道。生之者众，食之者寡，为之者疾，用之者舒，则财恒足矣。"生产财富，有大道理。生产财富的人多，消耗财富的人少；工作的人勤快，消费的人舒缓，财富就总是充足。

生产多，消费少；工作快，消费慢，这样就能积累和储备财富。这样的财富生产量必须高于财富消费量的观念，是人类所有传统农业社会的财富观念，也是传统农业社会稳定发展的物质基础。这种观念在一定范围是合理的，放到今天，越出一定范围就不一定合理。

我们来看看这几个层面：

第一个层面，从个人和家庭层面看，这种观念是合理的。多挣钱，少消费，个人和家庭财富就会积累起来，生活保障性就不断增加。

第二个层面，从企业层面看，近代基督教新教伦理，也强调多生产和少消费，但对生产与消费之间的剩余，强调要多投资。多生产、少消费、多投资，这是成功竞争之道。

第三个层面，从国家竞争角度看，哪个国家能多生产、少消费、多投资，重生产、重投资、少消费，哪个国家就会有竞争优势，在出口上容易处于顺差状态，国家的资源控制能力就增强。但这种方式不可持续，时间长了不行，其他国家会采取封闭市场的反制措施。

第四个层面，从全球经济角度看，从宏观层面看，供给高于需求意味着经济不平衡。从个人、从企业、从一个国家来看是有道理的事，放到全球来看就可能没有道理了。供给和需求，一定要平衡，动态中的平衡。需求包括消费和投资，需求低于供给，就是产品过剩，产能过剩，企业要破产，经济要衰退。供给和需求要平衡才行。这个道理，凯恩斯在《就业、利息和货币通论》中解释得很清楚。

"生财有大道。生之者众，食之者寡，为之者疾，用之者舒，则财恒足矣。"这种观念，对个人、对家庭、对企业、对一个国家来说，都是对的，但在全球化时代，对全球经济系统的健康运行，不一定合适。

"仁者以财发身，不仁者以身发财"，本句难的是对"身"字的解释。"身"的本义指身体、生命，引申为自身等，"身"还有身份地位的意思。"仁者以财发身"，仁者是以财富发展自身。《尚书》记载的皋陶之言，能给我们一些启发，上面说："慎厥身，修思永。"谨慎你的生命和地位，要考虑使之长久稳固。本章讲的是治国者面对财富应有的态度，所以可以把此处的"身"理解为自己的生命和权位。

"仁者以财发身，不仁者以身发财"，可以理解为：仁者，以财富去使生命和地位发达，以财富来保障生命和地位的安全；不仁者以自己的权位、以生命的风险去谋取财富。也就是说，财富是用来服务生命和国家政权的，不是使自己的生命和国家的权力成为谋取财富的工具。财富要服务于国家的稳定，要服务于生命的保障，不要以权谋财，不要以命谋财。

"未有上好仁而下不好义者也，未有好义其事不终者也"，没有君上好仁而下面的人不好义的，没有好义的人的事业不得善终的。君主好仁，不与民争利，留利于民，就能得到民众的拥戴，君位和国家得以巩固稳定。有民众支持，无论君主本人还是国家命运，不会不得善终。

"未有府库财非其财者也"，没有国库的财富不是自己的财富的。"府库"指国库。"府库财"，指通过赋税收入国库的财富。《韩非子》中有"其府库不得私贷于家"，说明府库之财属于国家财政部分，这与君主和贵族私家用财是不同的。本句是想说明，君主贵族们既代表国家也代表家族，虽说财政制度上将君主家室财政和朝廷公共财政分开管理，但这两部分财产君主都应当视为自己的财产，前者用于君主家室开支，后者用于国家公共开支，不能只关心私财不关心公财。

"孟献子曰：'畜马乘，不察于鸡豚；伐冰之家，不畜牛羊；百乘之家，不畜聚敛之臣。'"鲁国大夫孟献子说："有资格乘坐四马一车的大夫之家，不会计较养鸡与养猪的利益。有资格在丧葬中使用冰的卿大夫之家，不靠畜养牛羊牟利。拥有百辆兵车的公卿之家，不养聚敛财货的家臣。""畜马乘"指具备"四马一车"。"伐冰之家",卿大夫以上,丧葬祭祀时可以使用冰。"百乘之家"指拥有兵车百乘的公卿之家。

阶层不同,算的利益账不一样。有资格乘坐四匹马拉的车的,就是大夫以上阶层,这样阶层的人,应关心国家利益,从国家分取收益,不必考虑自己去养鸡养猪来赚钱。有资格在葬礼之中使用冰的,是卿大夫贵族阶层,他们的收益主要来自土地租金收入和国家税赋,不靠自己家去蓄养牛羊谋利。有百辆兵车的,这得是上卿或君主了,国家的利益就是他们家族的利益,人民的拥戴才是他们最大的利益。要想得到人民拥戴,他们就不能剥夺民众。《淮南子》上说:"若多赋敛,实府库,则与民为仇。"如果多聚敛赋税,来充实国库,这是与民众为仇敌。

"与其有聚敛之臣,宁有盗臣",与其有这种搜刮民众的聚敛之臣，宁可有盗取国库财富的贪污之臣。"盗臣"，偷盗之臣，指贪污犯，偷盗国库的人。贪污分子拿走的，是已经属于朝廷国库中的财富，只是减少了君主和卿大夫们的财富支配使用权，贪污分子没有直接增加民众的经济负担。

聚敛之臣则是从民众处拿走更多的财富，直接夺取民众的利益，引来民众对朝廷的厌恨，造成民众对朝廷的离心离德，对国家稳定来说更具有破坏性。所以说，与其有这种聚敛之臣、这种剥削民众的税赋高手，宁肯有贪污分子，直接从国库中拿钱的盗臣。按这个标准，国家税务部门收税愈多，就说明税务部门的人在败坏国家命运。

"此谓国不以利为利，以义为利也"，国家治理，不能以财利为利益，而要以道义为利益。如果君主、卿大夫们为谋取私财而奔忙，国家就会腐败衰落。没有了国家，什么都没有了。如果君主、卿大夫们以道义执政，轻徭薄赋，留利于民以养人，民众支持这样的国家，国家得以长久存在发展，这才是根本利益。所以，以道义治国，才符合国家长远的根本利益。

"长国家而务财用者，必自小人矣"，掌握国家大权，却致力于聚敛财富，这样的行为必定是出自小人的行为。忙于从民众中聚敛财富，忙于剥夺民众的财富，必定会造成民众对国家政权的离心离德。

"彼为善之，小人之使为国家，灾害并至。虽有善者，亦无如之何矣！"赞许小人的行为，使用小人来治理国家，只知为君主聚敛财富，各种灾害会一并到来。到时即使有善人出来，也无可奈何了。小人千方百计剥夺民众，为君主家室聚敛财富，为朝廷扩大税赋，造成民众对朝廷的仇恨。今后即使有善人出来，想化解这种矛盾，也已经无可奈何了，改变不了了。

"此谓国不以利为利，以义为利也"，这就是所谓治国，不以个人获取财利为利益，而以道义为利益。国家的根本利益，就应当是君主的利益取向，而不能以个人私利的追求，招来民众怨恨。

本章讲了两个方面的财富关系：

一是生产者与消费者的关系。生产者多，消费者少，国家财富有积累，国家就稳定。朝廷中人不从事生产、不创造财富，是消费财富、分配财富的群体。朝廷中人太多，人均消耗过大，就等于从民众中拿走的财富比例过大，国家就不会稳定。强调吃税收的朝廷中人占国家总人口的比例不应太高。

二是朝廷与民众在财富分配上的比例关系。西周周公之道规定的赋税，大体在10%左右。到春秋时期，中原一些国家已达到20%甚至还多。朝廷收取税赋的比例增加，这是坏的政策取向。朝廷不聚敛财富，轻徭薄赋，让利于民，这就是第一章所说的"止于至善"的具体表现。《大学》将税收视为国家治理的本质，认定国家问题、权力问题，本质就是税收的数量和税收的支出结构问题。

本章的核心是"不聚敛"。国家的稳定,建立在民众支持的基础上,朝廷轻徭薄赋,低税赋,让利于民,则民众支持,国家稳定。

《大学》全篇以"大学之道,在明明德,在止于至善"这样抽象的叙述开端,却以"与其有聚敛之臣,宁有盗臣……此谓国不以利为利,以义为利也"这样具体的句子收尾,将"明德-至善"落实在"不聚敛"的要求上,说明《大学》深懂君主朝廷与民众的核心关系,就是税赋关系。明德之君主必止于至善,止于至善最终表现在降低税赋上。低税赋=明德=至善,《大学》深明要务。

第十二讲

总结

大学之道是什么？

这一讲是最后一讲,是总结。有了前面的基础,我们再次对《大学》"明明德－亲民－至善"的纲领进行一个系统的总结,集中回答"大学之道是什么?"的问题。

《大学》有自己的思想渊源,大学之道是对周公－孔子之道的继承,是对周王朝主流政治神学的发展。

比较中国历代王朝,周王朝是中国历史上最成功的王朝。这种成功不仅表现在周王朝延续时间最长,西周和东周合起来近八百年,更表现在周王朝文化的创造力上。周王朝时期创造了中国历史上最辉煌的文化,有以

《诗经》为代表的诗歌，有以《尚书》《左传》《逸周书》等为代表的史书，有以诸子百家的《道德经》《论语》《墨子》《孟子》《庄子》等为代表的哲学、政治学经典。

我们可以把周王朝的制度称为周制。这是中华文明史上创造的第一个成熟的国家制度。周制是封建制，周天子分封功臣子弟建立独立的诸侯国，形成了以周王室为天下共主的星罗棋布的多邦国体系，是多元国家竞争的体系。周制下的中国，技术进步，人口增长，经济发展，文化兴盛。

《大学》的思想，不是出自秦统一中国以后的君主中央集权制度，不是君主大一统思想控制下的思想作品，而是出自贵族多元共和的封建社会。《大学》训练的贵族领导力学，是适应贵族共和的领导力学，有一种内在的开放和自由的精神。

《大学》的精神，不是后来秦制下被科举制塑造出来的僵死的学者的精神。《大学》的灵魂，不是秦制奴役下的死灵魂,而是周制开放下的、充满生命活力的自由灵魂。研读《大学》,是与中国曾有过的自由思想家的对话,是与中国曾有过思想尊严的思想家的对话。《大学》能刺激我们的是思想的自由和思考的尊严,是对生命和社会的责任感。

《大学》写作严谨,开篇表达了"大学之道,在明明德,在亲民,在止于至善"的纲领,随后分别阐述不同的主题,"诚意""修身""日新""知止""正心""齐家""治国""得众""举贤""不聚敛"等主题。不同的主题,是从不同角度去阐述《大学》的纲领。

《大学》的篇章结构设计很有意思,是一种由虚入实的设计。《大学》从抽象的"明明德"开始,以具体的"与其有聚敛之臣,宁有盗臣"收尾。

我们或许可以得出一个结论:"亲民"的现实表现,就是"不聚敛",就是低赋税,降低朝廷所占社会财富的比重。"明明德",这是对人内在德性之光的认识和要求,似乎显得很虚。但"不聚敛"、低赋税却是很实的内容。明德＝不聚敛,用赋税来衡量朝廷道德的好坏,重赋税是缺德的朝廷,薄赋税就是有德的朝廷。朝廷与民众的关系,说千道万,核心就是赋税关系,《大学》很明白这个道理。从"明明德"到"不聚敛",由虚入实,这就是至高之善,落点非常朴实。如果《大学》设定了一个具体量化的税收限制,例如设定在百分之十,什一税,将其视为明德之政,至善之政,超过此限额即为恶政,善恶就有了可衡量的标准,中国历史就可能因此改变。

《大学》文字很多,但请大家记住最重要的两段,一段就是《大学》的价值纲领:"大学之道,在明明德,在亲民,在止于至善。"另一段是《大学》的根本措施:"与其有聚敛之臣,宁有盗臣。"

《大学》告诉我们,大学之道正在于朝廷"不聚敛"财富,在建立低税之国。低赋税之国,就是繁荣稳定之国。国家根本问题，本质就是赋税的数量和赋税的支出结构。国家治理的根本问题，要还原到赋税问题。《大学》论述的是治国之道，但治国治己有相通之处，大学之道也是人生之道。从个人德性层面看，一个人能保持贡献超过所得，就能得人，得到人的支持，从而有安全和发展的空间。

《大学》的思想是完备的，有超验的宇宙向善的宇宙观，有务实的控制朝廷聚敛的执政观。《大学》的思想结构是天人合一的，是宇宙观与执政观、与人生观相统一的。下面我们总结《大学》的思想，总结《大学》的宇宙观、人性观、人际观、国家观。

明德的人性观

我们从"明明德"分析《大学》明德的人性观。《大学》九次提到"德"，三次提到"明德"，这是《大学》思想立基之处。

"明明德",彰明人性中的光明之德,前提是认定人性中有光明之德,这光明之德指向亲爱人,指向至善。请大家注意,这是《大学》的人性论,"人之初,性明德",人性深处,有光明之德在闪耀,要把人的生命引向去亲爱人、去帮助人、去服务人,把人的生命引向至善的方向。明德是人的本性,至善是人的方向,显然,《大学》有着对人性高度的、全面的信任。

但是,《大学》提醒我们,人内在的光明之德,只是一种闪光的潜能,这种潜能是需要开发的。如果我们把明德视为一块红宝石的原石,那么"明明德"就是指要打磨这颗红宝石,把它美丽迷人的光彩打磨出来。或者说,每个人都是宝石矿,人应当成为自己的宝石打磨师,用一言一行来不断打磨自己,把自己内在的光明打磨出来,呈现给世界美丽的光芒。这就是《诗经》所说的:"有匪君子,如切如磋,如琢如磨。"

我们可以把《大学》人性论称为"明德人性观"，把《大学》人生观称为"明明德人生观"。

明德的宇宙观

《大学》认定人性中有"明德"，这"明德"的源头何在？源头在宇宙之中，在宇宙深处，这背后有一个"明德的宇宙观"。"明德"的人性，有宇宙的源泉，在支配宇宙的"明德"的力量中。人出于宇宙，人性如果是"明德"的，有内在的明德之光，那宇宙就一定是"明德"的，因为宇宙之光明之德，是人性光明之德的来源。

《大学》中引《尚书·太甲》中的概念，讲"天之明命"，上天光明之命。人性中的明德、光明之德，源于"天之明命。上天光明的命令，如同一股强大的光流，从上天流向人心，在人心中化为人性光明之德。

《中庸》对这个问题的表达很清楚："天命之谓性。"在天为天命，在人为人性。人的本性，源于天性，源于上天之性，源于天命。

同样的思想，孔夫子早就讲过。《论语·述而》记载孔子之言："天生德于予。"上天把德生在我身上。这句话，指明了德的来源，德的来源在上天，上天赋德于人。孔子说，德源于天。《大学》说，明德源于"天之明命"，上天光明之命。在这个意义上，"明明德"，就是"明天命"。

《尚书》和《周易》中有一个重要概念，称为"天德"。《尚书·周书》中强调要"惟克天德"，要能够到遵循天德。《尚书·周书》所记周公之言，更能表达出"天"与"德"的关系："皇天无亲，惟德是辅。"上天不偏爱谁，只辅助有德之人。

上天有德，因此人性有德，必须坚守人性之德，以顺乎上天之德。天德光明，所以人有明德。人以自我之明德，顺应上天之明德，有如让一滴水回归无边无际的大海。

我在讲《诗经》课程时，发现要了解中国周制精神，得有一个"十"字眼光。天人关系是竖线，人际关系是横线。尊奉天命是竖线，亲民爱人是横线。周制精神是十字精神，周制人格是十字人格。这种十字精神结构，在《诗经》之中，在《尚书》之中，在《论语》之中，在《道德经》之中，也在我们研读的《大学》之中。

这说明了《大学》的宇宙观，创生宇宙万物的上天是至高的道德的力量，这个宇宙是一个道德的宇宙。上天充满光明之德，上天以光明之德创生宇宙万物和生命。人明明德，有德性，行德政，这是顺应"天之明命"，顺应宇宙的走向，这是天人合一，奉行天命，奉天承运。

看得出来，《大学》有一个对宇宙充满信心的宇宙观，有一种对人性充满信心的人性观。这种对宇宙的光明、对人性的光明充满信心的宇宙观和人性观,不仅是《大学》的特征,也是《中庸》的特征,也是《论语》的特征,也是《墨子》的特征,更是《道德经》的特征。《道德经》对宇宙和人性本质有着最深信任的。无为而治的前提,就是对天性、人性的创生与和谐的深度信任。中国诸子经典之中,对人性不信任的主要是《商君书》《荀子》与《韩非子》。在这个意义上,如果不信上天,不敬天命,对《大学》的"明明德"就完全无法理解。宇宙万物生于上天之德,宇宙中有天德之光。人的善行生于人性之德,人性深处有源自上天的明德之光,这是一种知识,更是一种信仰。

亲民的人际观

"亲民",就是"亲爱人民"的意思。《论语·学而》记载孔子之言:"泛爱众。"此处"亲民",意思就是泛爱众,广泛地爱民众。国家精神,要建立在爱民原则的基础上。

从行文来看,"亲民"是"明德"的结果。为什么"明德"以后就会"亲民"?《大学》虽然把"明德"和"亲民"作为因果关系排列,但并没有讲解两者之间的因果关系。

为什么"明明德"以后,就会带来"亲民"的心理效果和政策导向?

孔夫子说:"天生德于予。"德源于天,要知道什么是德,得先知道什么是天。《大学》讲"明明德",诉诸"天之明命",所以得了解什么是天命。"天－天命－德－亲民－至善"之间的关系,是理解《大学》思想的关键。"天"是什么?"天命"是什么?《大学》中并没有解释,但我们可以参考《论语》中孔子的论述。

对孔子来说,上天是自然创生秩序的主宰。《论语·阳货》记载:"子曰:'天何言哉?四时行焉,百物生焉，天何言哉？'"上天无言，但运行四时，创生万物，上天无言。孔子没有听到上天用人类的语言对他讲话，但他从自然秩序的和谐及万物的创生进程中，看到了上天的力量。对宇宙万物来说，上天有两个特征，一是创生的力量，二是秩序的力量。天命的方向，使万物创生和存续，使生命繁荣生长。

对孔子来说，上天还是历史变迁的主宰，是孔子使命达成的护佑者。《论语·子罕》记载孔子之言："天之未丧斯文也，匡人其如予何？"上天如果不想丧失周文王以来的这个文化，匡人能拿我怎么办？意思是，上天若要我来传承周文王以来的周文化，就会护佑我，匡人就不可能伤害到我。在这里，上天直接介入历史、介入文化选择、介入孔子本人的命运。

上天是造物者，是万物和人的创造者，是宇宙万物和人的命运的主宰者。理解了上天的特征及天命的走向，就能明白我与别人的内在关系，我们都是上天之子。上天创造和爱护宇宙万物，上天创造和爱护万民。上天之命就在我们灵魂深处，让我们如同上天一样去珍惜万物，亲爱万民。

说到底，"明明德"的根本是"明天命"，明天命就要顺天命，天命爱人，所以人必须爱人。从"明明德"到"亲民"，中间有天命之光的照耀。

关于"明明德"与"亲民"的关系，我想了很久，最后才明白《大学》领导力学的核心，就是要求领导人以上天为榜样，以上天的准则为人的美德。这种思想在《诗经·烝民》中已有表达，上面说："天生烝民，有物有则。民之秉彝，好是懿德。"天生众民，有万物，有法则。人秉持这准则，爱好这美德。"有物有则"，指创生万物，运行法则，相当于后来孔子所说的上天使"四时行焉，百物生焉"。

《诗经·烝民》这首诗几乎完整地表达了上天的创生之德与人的明德的关系。我们甚至可以说，一部《大学》，就是"天生烝民，有物有则。民之秉彝，好是懿德"这首诗的一部诗论。

从"明明德"到"亲民"，逻辑关系就是，天生万民，上天爱民；当政者受命于天，以天命为准则，爱护民众。什么是当政者？受命于天，以德配天，爱护民众。这其实就是周王朝"敬天保民"的国家政治神学的另一种表达方式。敬天，就是以上天为榜样。上天是创生的力量，上天是爱的力量。所以人当成为创生的力量，成为爱人、服务人的力量。

为什么要称"明德"？光明是生的力量，黑暗是死的力量。明德的力量，就是生的力量，有益生命的力量，保护生命的力量。

如何"亲民"？"亲民"的具体表现就是"不聚敛"财富，就是"与其有聚敛之臣，宁有盗臣"。上天创生万物、养育民众，谁见过上天向人类收税了？以上天为榜样，以天命为归依，还能以重税去剥夺民众吗？明白这样的道理，就能明白为什么"亲民"的外在表现，就是"不聚敛"，就是低税收，就是留利养民了。

朝廷与民众的核心关系，就是财富的生产和财富的分配的关系。财富是从事生产和养育生命的资源，朝廷多拿走财富，民众就失去了生产和生活资源，民众生命就难以繁育发展。要成为生的力量，就要使民众富裕，就要"不聚敛"，留下丰裕的财富给民众从事生产和养育生命。讲完《大学》亲民的人际观，我们来看《大学》的至善的国家观。

至善的国家观

人以"明明德"，彰明自己内在光明之德，爱护民众，留利于民而"不聚敛"，国家就抵达了至善的目标。

《论语·泰伯》记载孔子之言："笃信好学，守死善道。"孔子说"吾从周"，信仰天命，遵从周文王、周公以来的周道，热爱学习，以死坚守善道。"善"是孔子常用的一个概念。这个概念，今天也常用，善良的意思，助人而不伤害人的意思。《大学》中的至善，即善的极致，至高之善。

至高之善，是上天"四时行焉，百物生焉"之创生与秩序之大善，上天至高之善是人行善的最高榜样。没有什么善，能超过宇宙秩序的形成以及万物的创生和生命的创造。这里善恶分明，善就是创生与秩序，对万物的保育，对生命的成全，恶就是毁伤万物与生命，造成秩序混乱崩溃。止于至善，并非指人能处于至善之中，而指人永在追求至善的目标，永在抵达至高之善的路上。

我们可以总结什么是"大学之道"了。"大学之道"就是学习上天之道，走天命之道，就是以上天为榜样，就是向上天学习。学习上天创生和保育万物的大善，学习上天成全生命秩序的大善。大学之道，就是以上天为榜样，敬天爱人，将国家立于善的坚实的根基之上。

天地之上，有神圣的主宰，上天在主宰。上天的治理，有两个特征，一是创生，二是秩序。上天的秩序，是创生的秩序。大地上的领导人，要以上天为榜样，遵循两个法则，一是生命法则，养生的法则；二是秩序的法则，建立和维护一个有益生命生长的秩序。

什么是"大学之道"？学习上天好榜样，成为有益于生命的力量，成为维护生命秩序的力量，建立善待生命的国家，使国家秩序如同宇宙的生生不息的创生的秩序。

《大学》全篇是一个逻辑严密的思想系统，我们把《大学》的逻辑链梳理一下，便于大家记忆。

总纲：明明德 + 亲民→止于至善

明内德（人与自我关系）：诚意 + 修身 + 日新 + 知止→正心。

明外德（人与人关系）：得众 + 举贤 + 齐家→治国。

亲民（行为标准）：不聚敛→薄赋税。

明德以好生，好生则亲民，亲民则薄赋，薄赋则至善。落到实处，明德就是好生，好生就是亲民，亲民就是君主朝廷不聚敛财富，对治国来说就是轻徭薄赋，留利养民。《大学》是上达"天之明命"的超越，下落"不畜聚敛之臣"之实践。敬天爱人，循天命好生之德，轻徭薄赋，留利于民以养民。任何时代、任何社会，只要能做到《大学》这种因明德而敬天、好生而亲民、低税以达善，都不会是差的时代，不会是差的社会。

我分析了《大学》的宇宙观、人性观、人际观、国家观这"四观"。《大学》相信天命之善，相信人性之善，追求人际之善，追求国家之善，《大学》思想的核心是"明天命以达至善"，希望建立出敬天爱人的国家，有益生命的至善之国。

《论语·宪问》记孔子之言："不怨天，不尤人。下学而上达。知我者，其天乎！"《大学》知孔子也知天，《大学》教育的目标，就是使学生和社会，皆能"下学而上达"，通过学习，抵达上天之德，抵达天命之善，将上天之德落实为人之德，将天命之善落实为国之善。无论是个人还是国家，我们都有一个行大学之道、下学而上达的共同使命。

附 录

《礼记·大学》原文

第一讲 明德、亲民、至善

大学之道，在明明德，在亲民，在止于至善。知止而后有定，定而后能静，静而后能安，安而后能虑，虑而后能得。物有本末，事有终始，知所先后，则近道矣。

古之欲明明德于天下者，先治其国；欲治其国者，先齐其家；欲齐其家者，先修其身；欲修其身者，先正其心；欲正其心者，先诚其意；欲诚其意者，先致其知，致知在格物。

物格而后知至，知至而后意诚，意诚而后心正，心正而后身修，身修而后家齐，家齐而后国治，国治而后天下平。自天子以至于庶人，壹是皆以修身为本。其本乱而末治者否矣。其所厚者薄，而其所薄者厚，未之有也！此谓知本，此谓知之至也。

第二讲 诚其意，毋自欺

所谓诚其意者，毋自欺也。如恶恶臭，如好好色，此之谓自谦，故君子必慎其独也！小人闲居为不善，无所不至，见君子而后厌然，掩其不善，而著其善。人之视己，如见其肺肝然，则何益矣！此谓诚于中，形于外。故君子必慎其独也。曾子曰："十目所视，十手所指，其严乎！"富润屋，德润身，心广体胖，故君子必诚其意。

第三讲 如切如磋，如琢如磨

《诗》云："瞻彼淇澳，菉竹猗猗。有斐君子，如切如磋，如琢如磨。瑟兮僩兮，赫兮喧兮。有斐君子，终不可諠兮！""如切如磋"者，道学也；"如琢如磨"者，自修也；"瑟兮僩兮"者，恂慄也；"赫兮喧兮"者，威仪也；"有斐君子，终不可諠兮"者，道盛德至善，民之不能忘也。

《诗》云："於戏，前王不忘！"君子贤其贤而亲其亲，小人乐其乐而利其利。此以没世不忘也。

第四讲　苟日新，日日新，又日新

《康诰》曰："克明德。"《太甲》曰："顾諟天之明命。"《帝典》曰："克明峻德。"皆自明也。

汤之盘铭曰："苟日新，日日新，又日新。"《康诰》曰："作新民。"《诗》曰："周虽旧邦，其命惟新。"是故君子无所不用其极。

第五讲　邦畿千里，惟民所止

《诗》云："邦畿千里，惟民所止。"《诗》云："缗蛮黄鸟，止于丘隅。"子曰："于止，知其所止，可以人而不如鸟乎？"《诗》云："穆穆文王，于缉熙敬止！"为人君，止于仁；为人臣，止于敬；为人子，止于孝；为人父，止于慈；与国人交，止于信。

子曰："听讼，吾犹人也。必也使无讼乎！"无情者不得尽其辞，大畏民志。此谓知本。

第六讲　所谓修身在正其心者

所谓修身在正其心者：身有所忿懥，则不得其正；有所恐惧，则不得其正；有所好乐，则不得其正；有所忧患，则不得其正。心不在焉，视而不见，听而不闻，食而不知其味。此谓修身在正其心。

所谓齐其家在修其身者：人之其所亲爱而辟焉，之其所贱恶而辟焉，之其所畏敬而辟焉，之其所哀矜而辟焉，之其所敖惰而辟焉。故好而知其恶，恶而知其美者，天下鲜矣！故谚有之曰："人莫知其子之恶，莫知其苗之硕。"此谓身不修不可以齐其家。

第七讲　所谓治国必先齐其家者

所谓治国必先齐其家者,其家不可教而能教人者,无之。故君子不出家而成教于国：孝者,所以事君也；弟者,所以事长也；慈者,所以使众也。《康诰》曰："如保赤子。"心诚求之,虽不中不远矣。未有学养子而后嫁者也！一家仁,一国兴仁；一家让,一国兴让；一人贪戾,一国作乱。其机如此。此谓一言偾事,一人定国。尧、舜率天下以仁,而民从之；桀、纣率天下以暴,而民从之。其所令反其所好,而民不从。

是故君子有诸己,而后求诸人,无诸己而后非诸人。所藏乎身不恕,而能喻诸人者,未之有也。故治国在齐其家。《诗》云："桃之夭夭,其叶蓁蓁；之子于归,宜其家人。"宜其家人,而后可以教国人。《诗》云："宜兄宜弟。"宜兄宜弟,而后可以教国人。《诗》云：

"其仪不忒，正是四国。"其为父子兄弟足法，而后民法之也。此谓治国在齐其家。

第八讲 所谓平天下在治其国者

所谓平天下在治其国者：上老老而民兴孝，上长长而民兴弟，上恤孤而民不倍，是以君子有絜矩之道也。所恶于上，毋以使下；所恶于下，毋以事上；所恶于前，毋以先后；所恶于后，毋以从前；所恶于右，毋以交于左；所恶于左，毋以交于右。此之谓絜矩之道。《诗》云："乐只君子，民之父母。"民之所好好之，民之所恶恶之，此之谓民之父母。《诗》云："节彼南山，维石岩岩。赫赫师尹，民具尔瞻。"有国者不可以不慎，辟则为天下僇矣。

第九讲 道得众则得国，失众则失国

《诗》云："殷之未丧师，克配上帝。仪监于殷，峻命不易。"道得众则得国，失众则失国。是故君子先慎乎德。有德此有人，有人此有土，有土此有财，有财此有用。德者本也，财者末也。外本内末，争民施夺。是故财聚则民散，财散则民聚。是故言悖而出者，亦悖而入；货悖而入者，亦悖而出。《康诰》曰："惟命不于常！"道善则得之，不善则失之矣。《楚书》曰："楚国无以为宝，惟善以为宝。"舅犯曰："亡人无以为宝，仁亲以为宝。"

第十讲　唯仁人为能爱人，能恶人

《秦誓》曰："若有一个臣，断断兮无他技，其心休休焉，其如有容焉。人之有技，若己有之；人之彦圣，其心好之，不啻若自其口出。实能容之，以能保我子孙，黎民尚亦有利哉！人之有技，媢嫉以恶之；人之彦圣，而违之俾不通。实不能容。以不能保我子孙，黎民亦曰殆哉！"唯仁人放流之，迸诸四夷，不与同中国，此谓唯仁人为能爱人，能恶人。见贤而不能举，举而不能先，命也；见不善而不能退，退而不能远，过也。好人之所恶，恶人之所好，是谓拂人之性，灾必逮夫身。是故君子有大道，必忠信以得之，骄泰以失之。

第十一讲　与其有聚敛之臣，宁有盗臣

生财有大道。生之者众，食之者寡，为之者疾，用之者舒，则财恒足矣。仁者以财发身，不仁者以身发财。未有上好仁而下不好义者也，未有好义其事不终者也，未有府库财非其财者也。孟献子曰："畜马乘，不察于鸡豚；伐冰之家，不畜牛羊；百乘之家，不畜聚敛之臣。与其有聚敛之臣，宁有盗臣。"此谓国不以利为利，以义为利也。长国家而务财用者，必自小人矣。彼为善之，小人之使为国家，灾害并至。虽有善者，亦无如之何矣！此谓国不以利为利，以义为利也。

图书在版编目（CIP）数据

杨鹏解读《大学》/ 杨鹏著. —上海：上海社会科学院出版社，2022
ISBN 978-7-5520-3766-1

Ⅰ.①杨… Ⅱ.①杨… Ⅲ.①儒家②《大学》—研究 Ⅳ.① B222.15

中国版本图书馆 CIP 数据核字（2021）第 276253 号

杨鹏解读《大学》

著　　者：	杨　鹏
责任编辑：	周　霈
特约编辑：	刘红霞
封面设计：	卿　松
出版发行：	上海社会科学院出版社
	上海顺昌路 622 号　邮编 200025
	电话总机 021-63315947　销售热线 021-53063735
	http://www.sassp.cn　E-mail: sassp@sassp.cn
印　　刷：	北京中科印刷有限公司
开　　本：	889 毫米 ×1194 毫米　1/32
印　　张：	7
字　　数：	100 千
版　　次：	2022 年 8 月第 1 版　2022 年 8 月第 1 次印刷

ISBN 978-7-5520-3766-1/B・311　　　　　　定价：56.80 元

版权所有　翻印必究